德國心理師媽媽這樣搞定

固執小孩

暢銷修訂版

設限管教失控情緒×難纏行為

Das Trotzkopfalter

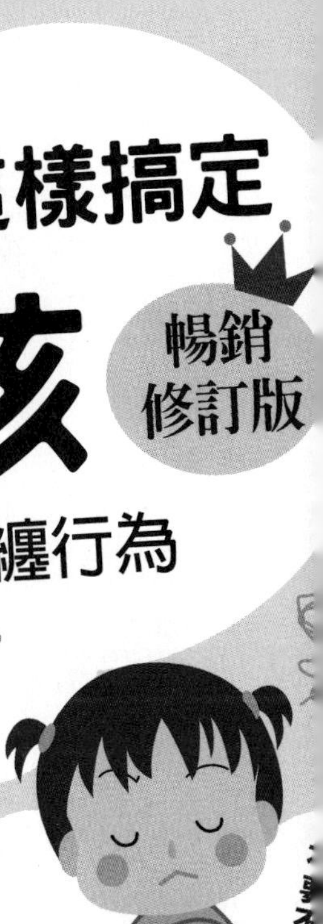

德國專業心理治療師
朵莉絲・赫克莫斯 ◎著
溫力秦 ◎譯

目錄

第三章：給父母的教養建議

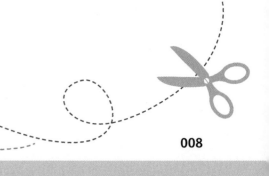

推薦：水深火熱的兩歲兒父母親，都應珍藏

凱若媽咪（Carol） Carol凱若媽咪的教育實驗

兒子剛滿兩歲四個月。相隔十一年才生第二胎的我，感覺又回到「新手媽媽」的狀態。雖說「每個孩子都不一樣」，然而這「兩歲固執期」（Terrible Two）卻同樣讓每位爸媽們頭疼甚至抓狂！

曾經在拙作《每一天的教養，都為了孩子獨立那天做準備》中分享到自己過去與現在與超「歡」兩歲兒「交手」的心得與撇步。這些分享，得到了相當多「同舟共濟」的父母親共鳴。如此熱烈的回應，也讓我更想研究兒童心理學如何解釋這段瘋狂的時期，及實戰上如何幫助苦惱的父母親。

宇宙聽到了我的呼喊，在德國擁有高人氣的《德國心理師媽媽這樣搞定固執小孩》，在城邦新手父母出版社的專業用心之下，出了繁體中文譯本！一開始讀，就欲罷不能！因為書中所提到的每個狀況題，都是兩歲兒與爸媽每日交戰的實際場景啊！

作者朵莉絲・赫克莫斯，除了是專業的兒童治療師外，也是兩個孩子的媽媽。她不只將例子一一列出，還個別分析孩子與爸媽的想法感受，接著提供教養建議。正所謂「知己知彼，百戰百勝」！透過這本書，我更明白寶貝兒子當下的心聲，也知道「別把孩子的暴怒當做是衝著你來」，當我面對這些抓狂時刻，也就比較容易冷靜有耐心地理出頭緒來對應了！

傳統管教方式的過多禁令與處罰，反而會讓孩子反抗心越來越強烈，或表面遵從內心憤怒，這都不是父母期望的親子關係與教養結果。書中提到「一歲半到三歲之間孩子，若是越快樂、得到的疼愛與接納越多，反抗的機率就會大大減少」、「孩子受到的束縛越多，越會固執到底」，唯有溫柔堅定，才能真正教會孩子如何正面表達自己的情緒。這對父母親本身來說，也是一堂值得學習的情緒管理功課呢！

誠心推薦所有水深火熱的兩歲兒父母親，都該在家中珍藏這本「武林秘笈」！

推薦：兩歲兒家長，一拿起來就立刻受用！

羅比媽　羅比媽的育兒與實驗廚房

自從懷我們家老大Robbie以來，我就大量閱讀坊間各種育兒書籍，不論是法國媽媽派、日本媽媽派、芬蘭媽媽派還是德國媽媽派都略懂略懂，更別說是零歲、百歲還是萬歲派，幾乎每一本都協助我在育兒之路上過關斬將、百戰百勝。

唯一讓我比較納悶的是，現在明明是一個強調全人教育的環境，教養的目的著重在人的本質，是一種與時、與人俱進的長期栽培，絕對不應該拘泥形式、墨守成規。就在我們一邊閱讀這麼多不同學派的育兒寶典時，也不禁讓我心中浮出許多問號，某些方式到底對幾歲的孩子管用呢？並不是每個方式都能通用各年齡啊！

我在美國很喜歡由知名兒童發展心理學家Louise Bates Ames出版的一系列教養書從一歲Your One-Year-Old: The Fun-Loving, Fussy 12-To 24-Month-Old

、到二歲Your Two-Year-Old: Terrible or Tender ……」一直到十四歲，針對每個孩子在每個不同年齡的心智發展，會產生哪些現象，造成哪些親子教養的難題都一一破解，閱讀的時候我就在想，台灣要是能有一本中文書，告訴大家「該如何應付難纏的兩歲兒」有多好。

就在我家的小女兒Blair即將滿二歲之際，出版社告訴我有這麼一本《德國心理師媽媽這樣搞定固執小孩》讓我試閱時，簡直如獲至寶，一打開就狂點頭，不僅告訴我How（如何）應對，更讓我知道Why（為什麼會有這個現象），現在已經是我隨時翻閱的育兒聖經之一了，強烈推薦和我一樣無所適從的兩歲兒媽媽們，其他育兒書緩緩再看，這本書必定讓你一拿起來就立刻受用啊！

自序：幫助父母和固執期孩子共同克服難關

各位親愛的父母：

你一定也像其他千千萬萬的父母，帶著滿心期待、理想和好奇，迎接第一個寶寶的到來。嬰兒期的寶寶，需要你無微不至的關注與照顧。這個階段的孩子天天都有新發展，渴望一再重複的儀式與行為，以便得到良好發展。一歲前的寶寶無疑佔據了你的生活重心，你體驗了許多美妙的時刻，同時你也經常感到焦頭爛額、惶惶不安，但你終究克服了這段時期的急遽變化，也漸漸適應這些轉變。

孩子滿周歲後，充滿行動力與好奇心，開始牙牙學語的他，樂此不疲，你每天都能感受到孩子的個性表露無遺，這也代表你現在即將面對全新的挑戰。由於孩子渴望密切接觸和探索周遭世界，促使你碰上許多陌生狀況和新的抉擇。在此同時，孩子會清楚傳達他的需求與意志，開始反抗你。他需要你給予精神上的支持、充分的體諒和清楚的界限，幫助他學會行為的分際、瞭解哪些是危險的事物。年幼的孩子就是這樣逐步學會了成人的規則，吸收了父母要孩子明白的規定和禁令，這重大的教養責任，為了是協助孩子日後能養成自信十足的人格。

然而，即便是好帶又笑口常開的幼兒，也有可能變成氣急敗壞的小鬼。他衝撞你的規定，鬼吼鬼叫，動手打人，放聲大哭。孩子的舉動讓你吃驚又焦慮，你肯定有時也會火冒三丈、徬徨無助，甚至忍不住問自己，孩子是不是壞胚子。想必你從朋友那裡聽過聲名狼藉的「固執期」。你滿腹疑問：「我們的孩子是不是正處於固執期？固執期會持續多久，我們該怎麼辦？」

不少父母認為「固執」是非常負面的字眼，跟多年後「青春期」三個字對部分父母來說有如烏雲罩頂是一樣的觀感。不過請別擔心，只要補充一些背景知識，你就能掌握孩子的發展期，並沈著地應對孩子突如其來的固執行為。孩子之所以頻繁出現「頑固」的舉動，並非他們「性本惡」，這些舉動其實只是孩子與周遭環境密切接觸時，因為自主性正在萌芽發展而觸發他對事件與行為所做出的反應。孩子的固執行為何時會停止，是否會變得更頑固，就看父母如何作為。

固執期在孩子的意志與自我發展中佔有重要地位。本書可輔助父母和正值固執期的孩子共同克服難關。世上沒有完美無瑕的父母，也沒有十全十美的孩子，然而只要能同理孩子，再多一份幽默感，親子間從日常的發展與學習過程中相互激盪，必能邁向和諧的家庭關係，使孩子具備堅強的意志，充滿自信地成長。

朵莉絲・赫克莫斯

前言：固執期 失望引發的情緒激動

孩子的固執期並非像學步期和學語期那樣由基因決定。孩子到了兩、三歲會逐漸形成意志與自我意識，而固執期這種十分獨特的發展就是在這個階段產生。

有些發展心理學家不喜歡「固執」二字，寧可用「鬧脾氣」、「抓狂」或「失望引發的激動狀態」來形容孩子的行為，這是因為固執帶有負面意味，會讓傷透腦筋的父母更加心灰意冷，而「鬧脾氣」這種形容就不至於有負面效果。

固執跟「壞心」或不聽話無關！

孩子剛開始發現自己的意志力可以發揮影響的時候，會有一段時間汲汲於試探他的新力量（即支配力）。然而在父母看來，這種行為卻是「壞心」

或不聽話的表現，必須盡快設法根除，親子間會因此形成相互角力的局面。父母越嚴厲，孩子越堅決反抗。壓力引發反作用力，也就是說，孩子只會越來越固執，甚至用攻擊行為來「捍衛」自己。固執的反應更激烈，致使親子都掉入了負面行為的漩渦，落得雙雙挫敗的結果。

千萬別讓事情演變至此。研究人員比較不同的民族文化所得到的結果顯示，一歲半到三歲之間孩子，若是越快樂、得到的疼愛與接納越多，反抗的機率就會大大減少。在某些文化裡，甚至沒有固執這樣的概念，實在值得我們深思。

結論

這段由孩子的意志所主導的發展期，會隨著孩子的性情，以及父母面對固執行徑採取充分體諒或否定、處罰孩子的做法，而有大不相同的走向。

閱讀本書之前

父母對第一胎多半經驗不足，也沒有機會可以比較，幼兒的大哭大鬧往往令人措手不及。不少父母憑直覺行動，欠缺考慮，以致於經常感到焦躁不安與無奈。固執期對孩子而言是既敏感又十分緊繃的發展階段，身為父母的你若能具備一些相關的背景知識，就會明白孩子正在發展獨立自主、探索及行使意志和試探界限等新能力，也才能掌握孩子的動機和情緒。

本書第一章探討兒童固執行為的發展進程，並融入一些相關背景知識，幫助你明察秋毫，瞭解孩子的暴走行為並不是刻意挑釁，也非攻擊性使然。另外又透過個案分析，說明固執行為的各種疑難雜症。

父母務必先釐清固執行為與攻擊行為的差別。年幼的孩子抓狂時，多半會大吼大叫、亂打人，看起來無疑是攻擊行為。然而，孩子並非有意做出這些行為，純粹是出於本能用身體的力量來表達他的失望。此外，你在面對固執上身的孩子時，應當針對孩子的年齡採取不同做法，比方說大一點的孩子，他們會為了達到目的而無所不用其極。最糟的狀況下，孩子可能會踢母親、打兄弟姊妹、咬人或示威性的大聲吼叫。

每一個人都有攻擊本能，也就是說，攻擊性乃與生俱來。把孩子這種貫徹決心的力量導入正軌，合乎社會規範，正是父母必須扛起的教養職責。孩子的攻擊性乃一體兩面，既可以發揮捍衛自己、貫徹目標的正面效果，也可以是用來攻擊、傷人、破壞的負面能力。你必須從旁輔助，幫孩子在發展過程中學會如何在社會可容忍的範圍內，體現暴怒與氣憤等情緒。

換句話說，孩子應該用「平和」的行為來表達意志，進而達到他的目的。以一到三歲的孩子來說，他們的反應還很情緒化，行動也多半出於本能，父母設定淺顯易懂的界限，可幫助孩子瞭解。相較之下，幼兒園及學齡前兒童出現叛逆行為的原因，則有別於幼兒。他們的攻擊動作有目的性，而且是刻意為之，想藉此行為挑戰父母。

第二章著墨於兒童攻擊行為的發展及各種不同的肇因，並透過典型案例，說明兒童攻擊性各種可能的表現形式，以及攻擊行為背後的動機與目的。你這輩子一定會經常碰到他人所展現的攻擊性，這些人包括你的孩子、另一半和你周遭的人，不過幼兒的固執行為只是發展階段之一，遲早會消失。但如果孩子遇到阻礙，固執期自然會拖得比較長，此時就需要特殊且必要的支援協助。

大一點的孩子或青少年當然偶爾也會有「倔強」和不可理喻的時候，但這種情況嚴格說來是一種消極的攻擊行為，其實與固執無關。這個階段的大孩子，喜歡把「我偏偏不要……」掛嘴邊，有自吞苦果的準備。

該如何與你家的固執兒或叛逆兒周旋，有哪些關鍵點需要注意，請參閱「給父母的教養建議」。這一節介紹有關學習心理學的洞見，比方說父母的作為——愛與體諒的效果；溺愛、嚴厲與處罰型教養作風——對孩子的行為會產生何種影響。

另外還探討了孩子和父母的日常行為如何產生交互作用，以及固定出現的典型教養情境（飲食、穿衣、收拾物品、上床睡覺）如何導致衝突。

本書提供父母明確的應對方針，使你不必與孩子相互角力，就能造就親子雙贏的家庭生活。世上沒有十全十美的孩子和父母，然而親子卻能共同攜手在日常生活中一起發展與學習。

育兒筆記

第一章
何謂固執？

「固執」是指幼兒在發展過程中的行為，那是一種可以感受到自己是獨立個體且展現自我意志的能力。即便是強褓中的嬰兒，也有表達意志的能力，只不過嬰兒很容易轉移注意力。

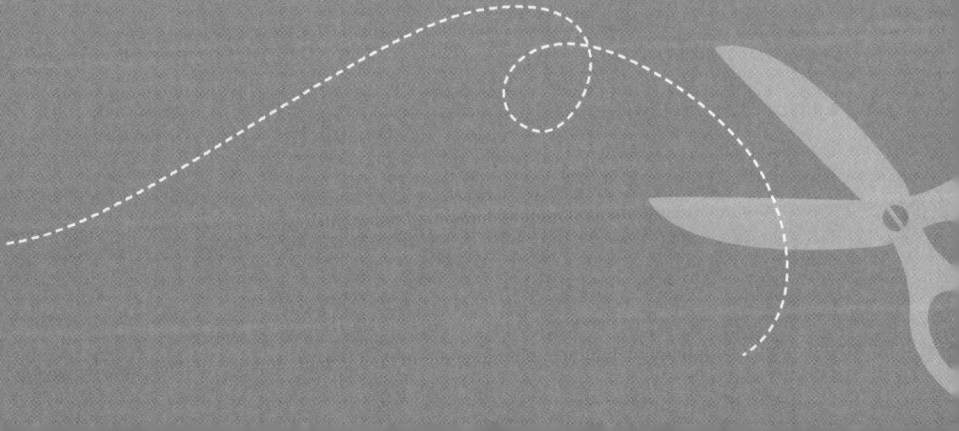

兩歲至四歲幼兒的情緒世界

幼兒到了兩、三歲這個階段，對於自我的概念有了新的變化，主要是與這個年紀的孩子在心理與運動神經方面的發展逐漸成熟有關。兩歲孩子不再用第三人稱稱呼自己，他們越來越常使用「我」、「我的」這種字眼。他們可以從鏡中和照片裡認出自己，也認識自己的身體，能察覺東西大小有別，也知道男生與女生在身體表徵上的差異。除此之外，兩、三歲幼兒的肢體動作越來越純熟，不必事事都依賴大人。

這個年紀的孩子開口閉口都是「我要自己做」這句話。

孩子凡事都想自己來，就會抗拒他人的要求。他們的語言表達能力尚且不足，所以透過固執行為，來展現自己越來越獨立自主。在這種情況下，大人很容易誤解孩子，而孩子也因此覺得不被瞭解。遭到誤解的孩子，則用大哭大鬧的方式釋放心裡的失望與焦慮。

孩子這種亂發脾氣的狀況，有時說停就停，讓人無從判斷哭鬧的背後動機。這個階段的孩子還沒學會該怎麼解決相互衝突的需求與要求，也不懂該如何處理失望與挫敗的感受。面對孩子出現情緒大暴走的場面，父母往往束手無策，不知該如何協助孩子走出情緒的泥沼。

事出必有因，孩子之所以心生焦慮或出現頂撞行為，背後都能找出動機。接下來提供幾個十分典型的案例，幫助各位父母或教養者對此有更清楚的瞭解。

固執是正面的發展過程

固執期，或稱為「意志與自我探索階段」，事實上是正面的兒童發展進程，因為當孩子有了感到憤怒、覺得失望和捍衛自己的這些能力，就清楚表示他們正在學習感受自己是獨立的個體。雖然這種自我認知的能力早在一歲前就已經出現，但進入學步期之後會變得更加明顯，譬如你會發現孩子開始說「我的」，或認出照片裡的自己。

固執期的孩子讓大人傷透腦筋，但這種階段不會持續一輩子，真是萬幸！孩子從三歲起，對於挫折的容忍度會逐漸提升。也就是說，到了三歲這個年紀，幼兒忍受焦慮的時間可以長一點。他們學會等待，更瞭解事物之間的關聯性，也慢慢有了時間概念，需求若無法立刻獲得滿足，他們也逐漸能夠接受。除此之外，他們大哭大鬧到不可自拔的暴走場面也漸漸減少。

三歲以上的孩子在展現意志時，往往以達到目標及個人需求為訴求。也就是說，你的孩子會更常透過言語及肢體動作的攻擊力量，來貫徹他的決心。父母的最佳因應之道為何，請參閱本書第二章「兒童的暴怒與攻擊行為」。

引發固執行為的動機

堅持「我要自己做！」

案例

兩歲的安娜已經會自己穿衣服，她的媽媽引以為傲。雖然有些衣服對安娜來說比較難穿，媽媽還是會出手幫忙，不過只要是安娜可以自行穿脫的衣服，就算花較多時間，媽媽都會讓她自己來。但是今天狀況特殊，媽媽急著要出門。她已經跟醫生約好看診時間，所以想幫安娜快點穿好衣服。安娜發現媽媽想幫她穿衣服，大叫：「不要！不要！安娜要自己穿！」，她雙手抱胸，一溜煙跑掉了。媽媽把她抓回來，安娜手腳並用，拼命反抗，接著又撲倒在地，兩條腿踹個不停，還踢到媽媽，嘴巴不斷喊：「不要！不要！我要自己穿！」

案例分析

✪ 安娜怎麼了？

安娜很壞又倔強，甚至有攻擊性？並非如此。她純粹是因為今天沒辦法表現給媽媽看自己有多麼會穿衣服而感到失望；在那個當下，這是她非常在意的事情。然而，這個年紀的安娜尚未有時間概念，也不瞭解媽媽跟醫生有約、必須守時是什麼意思。她還不知道該怎麼抒解內心的焦慮，只好用大哭大鬧來發洩失望的感覺。

✪ 安娜的媽媽怎麼了？

以往媽媽都會給女兒充裕的時間，任由她自己穿好衣服，但在趕著出門的情況下，女兒卻這麼蠻不講理，讓她很失望。時間壓力讓媽媽越來越急，她開始催促安娜，後來又罵了她。安娜更加失望，平常她自己穿衣服時都會得到媽媽的讚美，現在卻被媽媽斥責。她繼續發脾氣，越來越鑽牛角尖。束手無策的媽媽打了安娜的屁股。安娜哭得一把鼻涕一把眼淚，但總算不再抗拒，乖乖讓媽媽幫她穿好衣服。媽媽心情鬱悶，很難過自己竟然為了這麼一點小事就打女兒屁股。

那天稍晚，媽媽良心不安地打電話跟好友談這件事。那位朋友安慰她：「我想你們家安娜進入固執期了。」朋友說的話並沒有減輕安娜媽媽內心的愧疚，反而讓她更加徬徨無助。

教養訣竅 **行前提早做準備。**

教養建議

媽媽應該這麼做：先跟安娜聊一聊看醫生這件事，問問她想帶哪個玩偶一起去。或者告訴安娜，她可以在候診時畫畫，看完醫生後再去麵包店買個蝴蝶麵包。

接下來最重要的事情，就是兩個人必須趕緊穿好衣服，媽媽當然知道女兒自己也可以做得很好，但是她今天一定要幫忙，才能盡快出門。

用看醫生這件事激起安娜的好奇心，就能轉移安娜的注意力，也會讓她更願意合作。

父母一直說「馬上就來」

案例

三歲的馬克斯是獨生子。媽媽每天下午都會帶馬克斯到兒童遊戲場，讓他跟其他小朋友一起玩沙。馬克斯一向對這個小小的戶外活動很熱衷，他興奮又期待地拿好桶子和鏟子等在門前，轉身想把他的雨靴拿給媽媽。還在忙著燙衣服的媽媽說：「馬克斯，我馬上就來，等一下就可以出門，你先玩一下。」馬克斯靠在媽媽身邊，坐到地板上玩他的雨靴。幾分鐘後，他問：「媽媽，好了嗎？我想出去玩了。」媽媽一直用「好，馬克斯，我馬上就來」這些話來敷衍他。馬克斯突然把桶子往角落一丟，接著又把雨靴和鏟子也丟了過去。他用力跺腳，大喊：「我現在就要出門，現在！」媽媽抬起頭，驚訝地望著馬克斯，把他罵了一頓。最後，媽媽又向兒子保證，再一下子就可以出門，只要她快點把衣服燙好。

案例分析

✪馬克斯怎麼了？

馬克斯本來很開心，也願意等媽媽一會兒，但是他還不太懂「馬上就來」這句話的意思。他聽到媽媽說「馬上就來」，但是她仍然繼續燙衣服。馬克斯很失望，所以當媽媽第三次敷衍他時，他就爆發了。他覺得媽媽並沒有認真看待他的要求，今天可能也沒機會出去玩了。對馬克斯來說，「馬上就來」這種話讓他很困惑，也讓他等太久。當他把桶子和雨靴拿在手上的時候，就很清楚地表示他「現在」就要出門……

讓幼兒等待過久會引發他們失望、生氣和激動的情緒，最後只好用大哭大鬧的方式來排解。以馬克斯的案例來說，孩子並非要激怒媽媽，感受到失望的他，只是想把內心的焦慮徹底宣洩出來而已。

✪ 馬克斯的媽媽怎麼了？

媽媽不解馬克斯為何要大發脾氣，她明明說過馬上就好，只要等她把幾件衣服燙完。馬克斯激烈的反應令她失望，她覺得很掃興，不太想帶他去遊戲場。她對馬克斯說：「你再繼續鬧下去，就不必出門了」，馬克斯一聽，鬧得更兇。他認為媽媽完全誤會他，讓他很沮喪。

教養訣竅 **幼兒還沒有時間概念，別讓孩子等太久。**

教養建議

馬克斯這種年紀的孩子，既沒有時間概念，也還看不懂時鐘，因此媽媽不妨這麼說：「你看，我剛剛燙好你的褲子，明天早上你就可以穿了」或「我很快就會把爸爸的襯衫燙好，燙完以後我把熨斗收起來，我們一起去遊戲場」，用這種說法讓孩子瞭解她手邊的工作會更有效果，馬克斯聽了之後也會更有耐性地看著媽媽工作，同時也明白他還必須再等一下才能出門的原因。

別太早告知幼兒即將從事的活動，孩子會覺得等候的時間太漫長而無法忍受。孩子一旦等得不耐煩，就會用大吵大鬧的固執行為表達他的失望，進而讓父母興致全失，再也不想和孩子一起繼續從事活動。當孩子固執上身、亂發脾氣的時候，最好把孩子攬在懷裡，告訴他：「你一定很失望，我剛剛確實花了很多時間，不過我們現在真的可以出發了」，孩子覺得被瞭解，就會迅速冷靜下來，親子雙方也才能盡快重拾好心情。

玩得正專心被打斷

案例

以下這種場面無論在家裡或是兒童遊戲場都不陌生：孩子坐在沙坑或房間裡，全神貫注做自己的事情。就在這個時候，你叫他吃晚餐。叫了一次、兩次，但是孩子看起來像沒聽到似的。叫第三次時，他還是無動於衷，繼續玩。

你終於失去耐性，疾言厲色地對他說：「不准再玩，晚飯準備好了，馬上到餐桌來！」也許你的孩子願意聽話，把玩具放下，乖乖跟你回家（或到桌邊坐好）。但也有可能，他們會想繼續玩下去，你最後還是得強行把他拉走，然後換來孩子大吼大叫。他把鏟子和桶子亂丟一通，或亂扔積木，叫得聲嘶力竭。寧靜美好的晚餐時光就這麼煙消雲散。

案例分析

這個案例也發生了需求相互衝突的狀況。孩子一心一意只想繼續玩，深深沈浸在自己的世界裡，並沒有真正聽到你在叫他。對他來説，吃晚餐不是那麼重要。人在玩得正盡興的時候，誰願意説停就停呢？可是你也不希望等到晚餐都涼了。在你看來，孩子根本是故意跟你唱反調。

在這種十分典型的案例中，孩子同樣沒有「惡意」，他只是沒辦法像我們成人一樣，能夠説停就停，迅速調適心情。在孩子玩得正起勁時，突然打斷他們或一下子就把他們拉走，也有可能會觸發孩子的固執行為。

教養訣竅 **先讓孩子有心理準備，利用一些方法來幫助孩子轉換心境。**

教養建議

當孩子玩得不亦樂乎，或沈浸在自己的世界裡時，請給孩子轉換心境的空間。假如叫了好幾次都得不到孩子的回應，此時更恰當的做法是，比方說走到孩子身邊，把手放在他肩上，告訴他：「看得出來你玩得正開心。你再用三個積木就可以把這座塔蓋好，我來幫你吧，等我們蓋好就一起去吃晚餐！」

花這一、兩分鐘絕對值得，因為親子雙方最後會開開心心一起去享用晚餐，不必歷經孩子大哭大鬧的場景，這是最要緊的。父母先想好策略再主動出擊，也可以有效解決這種情況。

習慣或儀式突然被改變

案例

上床睡覺這件事對三歲的茱莉亞來說，一向不是問題。每晚茱莉亞在睡覺前，爸爸或媽媽會陪她玩個半小時或念故事書給她聽，然後再幫她刷牙，這是茱莉亞家的固定儀式。爸媽在幫女兒換睡衣的時候，還會逗她玩，等茱莉亞在床上躺好，他們會唱晚安歌給她聽，再親她一下。爸媽把燈光調暗，在床邊陪她一會兒，等她把心愛的玩偶放在身旁、看到她在快睡著時含糊地說了最後一次晚安才離開。

不過今天情況有變。茱利亞的父母受邀參加一個盛大的宴會，媽媽對這場晚宴十分期待，她整天都在思考該怎麼早點讓茱莉亞上床睡覺，這樣保姆就不需要哄她睡覺。於是爸媽設法提早進行晚上那段睡前儀式，卻不怎麼順利。

茱莉亞忽然什麼都不想玩，爸媽選的故事書，她也聽得索然無味，她想換別的故事，但是媽媽卻回答：「茱莉亞，我今天沒時間念長一點的故事，來吧，我們快點去浴室刷牙。」然而茱莉亞對刷牙這件事也不像往常那樣配合。她拖拖拉拉的，一直玩牙膏，牙刷也掉到地上好幾次，媽媽開始不耐煩，稍微催促茱莉亞加快動作，結果茱莉亞把牙刷一丟，扯開喉嚨大叫，跺著腳說：「我今天不要刷牙！討厭！」媽媽這下子緊張了，她拿起牙刷，毅然決然地替茱莉亞刷牙，同時斥責她：「不要鬧了！」好不容易把茱莉亞送上床，但是她不斷地踢開棉被，一邊哭訴：「媽咪，你一點也不愛我，你沒有念故事給我聽，你是壞媽咪。」媽媽嚇了一跳，因為茱莉亞從來沒說過這種話，再加上看到女兒哭著睡著，她心裡非常捨不得。對茱莉亞的爸媽來說，原本應該是個美好的夜晚，卻讓女兒難過了。

案例分析

✪ 茱莉亞怎麼了？

茱莉亞顯然察覺媽媽今晚的舉動跟往常有所不同。孩子對於父母的心情變化及時間壓力十分敏感。茱莉亞喜歡在習以為常的時間進行固定儀式，這讓她有安全感。因此，當她感覺媽媽很急躁，就開始覺得不安。

大人的情緒有異或說起話來很急促、一副心不在焉的模樣或不像往常那樣投入時，孩子一眼就能看出來。當茱莉亞發現媽媽慌慌張張，而且還大聲責備她——平常很少發生這種狀況，她的第一個反應就是很失望，再來便是用反抗來因應。

媽媽怎麼了？

媽媽一整天都在想著該如何才能順利地提早完成晚間的睡前儀式，然而茱莉亞並不像往常那樣合作，這讓她十分挫折。由於內心焦急，再加上時間緊迫，她不禁生起氣來。當孩子出現反抗的舉動，父母很容易感到失望或因此大為光火，但是他們未必會像失望的孩子那樣，將內心的情緒表達出來。

教養訣竅　孩子從一再重複的日常節奏及儀式中得到方向感和安全感。

習以為常的流程和動作讓幼兒感到安全與安心，對他們來說十分必要，因此除非不得已，否則最好不要有所變動。按表操課、一如既往的睡前儀式給予孩子十足的安全感。假如熟悉的人不在身邊，或不進行慣有的流程，孩子馬上就會陷入不安的情緒，甚至會擔心自己是不是被冷落。

教養建議

只要父母當天先告知茱利亞有何計畫，因此會請保姆（親友）到家裡來，就算孩子還很小，也一定能夠理解。保姆最好提早一、兩個小時到家裡（尤其是初次見面），先陪孩子玩一玩，讓孩子有時間適應保姆。慣有的睡前儀式，稍後再交由保姆來進行即可。如此一來，茱莉亞就能平靜地送父母出門。

也許她會因為捨不得父母離家而難過，但是父母只需一再明確地告訴她：「等你睡著的時候，我們就到家了，保姆會好好照顧你。」透過這種方式，茱莉亞就不必為了大人有提時間的壓力，而在她不習慣的時間上床睡覺，那麼想反抗大人的心態自然也會隨之消散。切記，大人一緊張，孩子不但能馬上察覺，也會因此感到焦慮。

父母設下太多禁令

案例

父母設下的禁令所衍生的親子衝突，通常都發生在十分尋常的情況下，比方說到超市購物。擺滿各種商品的貨架就矗立在那裡，孩子朝著他想要的東西走過去。他一直把那些誘人但身為父母的你認為並不需要的商品放進購物車裡。

當你不斷地告誡孩子「不行，把東西留在架子上，這些我們不需要」時，他一定會覺得很挫折，這是遲早的事。孩子一方面覺得「購物」很好玩，但另一方面來說，他就是很想買某些東西，但是他「精挑細選」的東西，每一樣都被你放回去。孩子是否會為此大發脾氣，就看他的先天氣質而定。不少孩子甚至會賴在地上打滾哭鬧，叫得撕心裂肺。在公共場合大鬧脾氣的尷尬場景，是許多父母的切身之痛，此時腦海裡總會出現這句話：「別人會怎麼想？」假建議之名、行批評之實的旁人，尤其令為人父母者心煩，他們有可能會說：「哎呀，小孩也太可憐了，就讓他拿嘛」，更糟的還會說：「屁股打下去，壞小孩才會學乖！」

案例分析

父母怎麼了？

你一定很煩躁，恨不得立刻奪門而出，或是不得已買下你根本不需要的東西，只求小孩別再吵鬧。又或者你絕不妥協，結果孩子因此大哭大叫、抵死不從，你只好拖著他走。你覺得對孩子有些愧疚，但另一方面又很氣孩子偏偏在公共場所上演這種戲碼。說不定你會暗自發誓，從此再也不帶孩子去買東西了，但是這種想法也不切實際。

孩子怎麼了？

兩到三歲之間的孩子，運動神經越來越發達，無時無刻都在嘗試和探索，父母不免也會設下更多的規定和禁令。不過，只對孩子丟出一句「不行！停！」並非明確可靠的做法，孩子只會依然故我，一再惹毛大人。

孩子在自家以外的地方大哭大鬧，確實有很大的殺傷力。面對這種場面時，父母如果為了圖耳根清淨而一再讓步，孩子當然很容易就領悟到，鬧得夠兇便能得償所願。父母若是堅持到底，不願意妥協，同樣也會變成一場角力戰。父母一旦讓步，孩子就清楚知道他在公共場合有更大的機會可以達到目的，造成父母盡可能避免帶孩子去購物。就算父母明白孩子大哭大鬧的固執行為只是一種必經的發展過程，但在孩子哭鬧不休的情況下，這樣的認知也不能聊慰父母的心情。因此，父母必須有先見之明，碰到這種棘手的狀況時，馬上以同理心來化解，也就是先認清孩子的動機，這才是有效的做法。

教養訣竅 **預先規劃好親子購物活動，讓你的孩子一起參與。**

教養建議

父母先好好思考該如何為下一次的親子購物行做好計畫。比方説，你們可以一起討論，把要採購的物品列成一張清單，列在這張清單上的就是可以從貨架上拿下來的東西。准許孩子每次購物時，也能夠買一樣小東西給他自己（譬如一顆水果、一個蝴蝶麵包、一本小畫冊等等）。

假如你用這種方式讓孩子共同參與，一起規劃購物行，那麼當你在他拿第三包餅乾時告訴他「你看，我們的購物車裡已經有兩包了，你還可以去拿你的優格和牛奶，我們在家就商量好的啊，你可以買兩樣東西給自己」，他一定會明白你的意思，且樂於合作。孩子唯有在真正被説服的情況下，才有可能讓步並心甘情願地配合你，把東西放回架上。

太多禁令最終只會導致孩子的反抗心態越來越強烈。父母限制太多，孩子反而更加抵制。孩子若有被排除在外、經常遭到拒絕的感受，最後就會覺得父母否定他這個人。假如你在做決定時或在日常活動上，盡可能讓孩子有機會參與或選擇，孩子就能深入瞭解這些決定或活動的含意。當孩子覺得被瞭解，「發火」的機率就會越來越低。他知道這次購物可以滿足一個願望，至於其他願望就得等到下一次購物才能實現。孩子會藉由這種方式領悟到，並非所有的願望和需求都能一次滿足。

在「避免太多禁令」中，會深入探討設定界限的必要性及太多禁令所導致的不良副作用。

固有的秩序、模式及儀式被破壞

案例

艾莎家的爸媽喜歡跟孩子們一起健行，他們的孩子分別是六歲的艾米爾和三歲的艾莎。有一次健行，艾莎一定要媽媽走在她右邊，媽媽也很配合她。艾莎走得慢吞吞的，爸爸和哥哥都已經遠遠超前她們了。媽媽很想迎頭趕上，可是艾莎就是不讓媽媽超前她一步，因為她非要媽媽走在她右邊不可，前一步、後一步都不行。不過媽媽還是大膽一試，結果艾莎大聲尖叫，站在原地拼命跺腳，不肯繼續前進，連挪動一步都不願意。不管媽媽怎麼好言相勸都沒有用。尖叫聲驚動了父子二人，他們跑了回來。這個時候，艾莎躺在地上大吼大叫。爸爸設法把女兒扶起來，她甚至還口吐白沫。氣急敗壞的艾莎，差點喘不過氣來。爸媽想討好她也徒勞無功，弄得他們不知如何是好。最後艾莎終於體力耗盡，停止哭鬧，在爸爸的懷裡放鬆下來。接著這個小女孩又繼續往前走，彷彿剛剛什麼事也沒發生過。

案例分析

艾莎怎麼了？

在此案例中，父母在面對女兒哭鬧不休時，他們的反應都很正面。他們知道必須等在一旁讓女兒先發洩她的情緒。在這種情況下，責備孩子或甚至對孩子咆哮其實都無濟於事。因應之道很簡單：只管閉起眼睛、關起耳朵，深呼吸數到十就好！孩子的「抓狂」行徑一定會過去的。

假如大人也跟著發火的話，只會讓孩子的怒氣更加沸騰。事實上，確實曾發生過孩子激動到忘記呼吸而臉色發青的案例。

假如出現這種非常極端的狀況，千萬別等孩子自行冷靜下來，應該設法轉移他的注意力，把他抱在懷裡，輕輕拍拍他的背，不要對孩子的行為有任何評論。

教養訣竅 **別把孩子的暴怒當做是衝著你來。**

教養建議

孩子發展出來的特定秩序若遭到破壞，也是觸發固執行為或暴怒的典型原因。舉例來說，有些孩子喜歡把杯子放在固定的地方，或一定要爸爸或媽媽坐在他們身旁。也有一些孩子會把心愛的玩偶擺在固定位置，或非要穿紅色睡褲不可。這些不可打破的習慣或秩序看在大人眼裡，往往覺得很荒謬，然而對兩到三歲之間的小孩來說卻是正常現象，甚至是十分有利於兒童身心發展的要素。

倘若不讓孩子形成這種固定的秩序、模式與儀式，他們會焦慮、失望，或覺得自己被誤解而情緒大壞，最後引爆大吵大鬧的固執行為。若你的孩子有這種狀況，奉勸你寧可讓步，盡量讓孩子守著他的「怪癖」，即使這些怪癖讓你百思不得其解。

有時候父母不得不破壞孩子固有的秩序，而引爆孩子的固執行為。身為父母的你可能沒料到孩子會有這麼激烈的反應，只能束手無策地承受孩子的情緒。

疲累或過於苛求自己

孩子要是經常覺得煩躁、悶悶不樂或無聊，久而久之就會大爆發。有些孩子一個星期或一個月才會抓狂一次，有些卻一天之內反覆大鬧好幾次。父母往往會拿自家孩子跟別人比較，不過，出現固執行為的頻率主要還是取決於孩子的先天氣質，以及父母的個性與因應之道。

假如你的孩子動不動就暴怒、鬧脾氣，最好仔細觀察他們多半在什麼時間點或何種事件下出現固執行為。你會發現，孩子往往是在疲倦或自我要求過高時鬧彆扭。比方說購物或健行的時間太長，或孩子玩了一個下午而累過頭。有時候可能是孩子做太多事情，譬如他想蓋一座很高的塔，但積木一直垮下來。

孩子在束手無策或需求相互衝突時也會變得很激動，會有「我還想繼續，可是沒辦法」、「我好累」這類心情。這種狀況所引發的大暴走，並非衝著某個人或針對某件事物，而是孩子卡在兩種不同的需求之間，不知如何是好，最後往往用尖叫或哭鬧，來對付內心的焦慮和衝突。

父母對固執期幼兒的情緒與反應

以上所提到的案例，在在說明了孩子無時無刻都讓大人出其不意。然而，為人父母要謹記在心的是，別把孩子的固執行為歸咎於個性使然，也盡可能別將孩子的舉動視為衝著某人而來的攻擊行為。

也許你會問：「真有這麼多原因會引發孩子的固執行為嗎？」確實如此。孩子在日常生活中，在他天真單純的玩樂世界及他的秩序概念裡，總免不了會受到限制和干預。孩子的動機與目的跟父母大不相同，比方說，父母很擔心被孩子拿去當車子玩的立體音響會被他弄壞，他們也不想弄懂為何孩子要把小便盆拿去走廊上用，也不想知道孩子倒果汁時為何非要讓它快滿出來。從不計其數的例子可知道，孩子自有其想法，而且往往迥異於大人的意圖。正因為如此，孩子基本上一定會感到挫敗，而單方面承受孩子情緒的父母，也同樣會有挫敗的心情。即便是非常有耐心、充滿想像力又幽默感十足的母親，也免不了會碰到孩子鬧脾氣的狀況。固執行為與暴怒正是這個年齡的孩子特有的屬性。父母務必守住大方向，別為此過於傷腦筋。上述案例及個別分析，提供了一些背景知識給為人父母者，有助於你泰然處之。

教養重點提要與策略

假如孩子越來越固執、鬧脾氣的狀況越來越頻繁，你一定會想問自己這幾個問題：

✽「為什麼小孩只會鬧脾氣？」

✽「我只能默默忍受？」

✽「孩子也該慢慢學著聽話了；我們是不是養出固執的小鬼或小暴君了？」

✽「我們是不是做錯了什麼？我們的孩子在鄰居面前都不會這樣。」

當孩子為了一點小事或多半看不出來的原因，就激動得大哭大鬧，或是大人用心良苦地約束孩子卻換來他們極力抗拒，你的內心或許多少有些委屈，或甚至感到痛心。難道時下的父母權威快要蕩然無存了嗎？有不少父母也會在盛怒之下對孩子咆哮或打孩子，有些則用嚴苛死板的禁令來對付孩子的固執。然而這些絕不是能有效緩解孩子固執行為的辦法！

如何避免孩子固執上身，同時又能為孩子設定界限，避開教養僵局呢？以下幾個重要的策略有助於你達成目標。

✪不處罰孩子的固執行為

怒罵、體罰孩子或把孩子支開，只會加深他們挫敗的情緒，或甚至讓他們感到恐懼，反而會害他們越來越激動，最後叫得更淒厲、鬧得天翻地覆，以此釋放他們心中凶猛的焦慮感。這種情緒風暴，並非孩子故意為之或衝著某人而來——就像到了三、四歲時會出現的攻擊行為一樣，唯有等待它消散，孩子激動的情緒才能得到抒解，恢復平靜。假如你因為孩子大哭大鬧的固執舉動而處罰他，只會讓這種行為更加惡化，最後有可能逐漸轉變成粗暴的攻擊行為。

孩子的固執並非針對某人

現在你已經瞭解，孩子的固執反應是一種情緒激動的狀態，等該狀態消散之後，孩子就會恢復平靜。當孩子陷入激動的情緒無法自拔時，他只會用攻擊性的舉動來表達自己。也就是說，別認為孩子是故意衝著你「鬧脾氣」，若能拋開這種念頭，你才可以更沈著地處理孩子的固執舉動。

另外，正如先前提到的案例所分析的，並非孩子每次鬧脾氣都與父母設下的限制有關，特別是孩子對自己要求過高時，也會出現大鬧脾氣的情形。

✪父母也應表達自己的情緒

假如你本身是個容易激動、情緒起伏大的人，你可以把自己的感受說出來，而且最好直接用第一人稱來表達。你可以對孩子說「我現在真的很不高興」或「我現在非常生氣」、「你大吼大叫，讓我的頭好痛」。用這種方式談自己的感受，別責罵孩子。也不要體罰孩子，而是用言語將你的滿腔怒火表達出來。等你和孩子都恢復平靜之後，好好抱著孩子做幾次深呼吸。

怒氣會傳染，這是毋庸置疑的。有一位母親就曾告訴我：「我其實很想跟孩子一樣大發脾氣，結果我真的用力跺腳、拼命大叫。叫完之後，通常會讓我的心情好很多。」用這種方式來反應自己的情緒，當然比處罰或怒罵小孩要妥當多了。

✪切忌體罰！

假如你怒火難消，也千萬別為了孩子的固執行為打他！這麼做不但會把事情弄得更僵，你的心裡也不會好受。當你發覺自己氣到很想打孩子，請先暫停一下，數到十，做個深呼吸。也許先暫時跟與大吵大鬧的孩子保持一段距離，但不要離開孩子的視線。接著，一如之前所提到的，用力跺跺腳或大叫一場有時可以讓你得到抒解，讓你不至於將自己的情緒直接發洩在孩子身上。

有關體罰與處罰的不良副作用，會在「處罰有不良副作用」裡深入探討，供家長參考。

✪ 別聚焦固執行為

孩子出現固執行為時，避免怒罵、教訓或處罰孩子，這些反應會助長固執行為的氣焰，使之獲得發展的舞台。另外，這些處理方式等於給孩子許多負面關注，讓孩子陷入一個又一個執拗的泥沼，難以脫離猛烈的情緒風暴。批評孩子並不公平，因為幼兒其實還無法理解是何動機引發自己的固執行為，同時也會造成孩子極度畏縮和缺乏安全感的後果。視孩子的先天氣質而定，他們的固執行為有可能越演越烈，延續到三歲以上。除此之外，指責孩子的固執行為，也會折損孩子的意志，導致孩子過於順從父母的意願，最終再也不相信自己，變成一個自信全失、唯唯諾諾的人。

✪ 別中斷固執行為

在孩子「鬧脾氣」的時候跟他講道理、好言相勸是沒有用的，他多半什麼也聽不進去，你也會因此被激怒。強行把一個鬧得正兇、賴在地上拳打腳踢的孩子拉起來或拖走無濟於事，只會更讓孩子更吵更鬧。比較恰當的辦法是讓孩子盡情地發洩一下，不過也要特別當心，別讓孩子傷了自己。最好跟孩子保持一段距離，留在孩子的視線範圍內，藉由拉開彼此距離，讓孩子冷靜，等他平靜下來以後，他就會過來找你。這個時候別斥責孩子，立即指責孩子的不是，只會引起孩子的第二波情緒使情況更糟。相反的，這時應將孩子抱起來好好安慰他，情緒失控不是他希望的，他更需要你的安慰，待他恢復平靜後，再心平氣和地和孩子說道理。

管教標準前後一致

我們應該給孩子多少自由，又必須限制哪些事？凡事縱容孩子絕非明智之舉，孩子會沒有方向可循。他們需要界限，藉以衡量自身的需求與意圖。當然，身為父母的你，偶爾也該順著孩子，尤其在孩子非常疲倦或為了讓事情得以儘速善了的時候。然而，凡事沒有界限，對孩子總是一再妥協，你就會養出一個需索無度、情緒反覆無常的小孩。這對孩子而言並非好事，因為他其實希望自己的需求被認真看待，同時也該感受一下什麼叫做阻力。界限無疑就是有所限制，同時也表示劃定明確清晰的範圍、使凡事有所依歸。

給予支持

這一點或許聽起來很矛盾，不過孩子大鬧一場之後，其實非常需要支持。他剛剛完全迷失在狂暴的情緒當中，現在他需要大人保證仍然愛他。大人不也是如此？當我們情緒很激動的時候，有人過來抱抱我們，我們就會覺得好很多。大人經常犯下這種錯誤，總是在孩子暴怒時，用「不准再生氣了！」、「給我乖一點！」或「不要這麼鬧！」等等這些話來指責孩子。倘若有人能夠提醒我們，讓我們知道自己的行為、思想和情緒，或甚至給我們建議，會讓我們受益良多。

✪固執行為因人而異

有一位陪伴數名子女度過固執期的媽媽向我表示，她的幾個孩子在行為表現上有很大的差異。老大馬克是個文靜又能自得其樂的孩子，他很早就學會說話，表達能力也很好，很容易逗他開心。不過偶爾他挫敗、抓狂的時候，就會變得十分倔強，一句話也不肯說，把爸媽當透明人，躲起來不想見人。兒子這種倔強的行為，讓當時還年輕氣盛的媽媽十分火大。她會對他大聲咆哮，抓著他猛力搖晃。當下的馬克對她而言完全是個陌生的孩子。要是這種時候她先生在家的話，她會很慶幸，因為父子倆的性情很像，爸爸比較容易跟馬克溝通。

次子費迪南與馬克相差四歲，在自主性和語言的發展上雖然比哥哥慢，卻是個快樂又活潑的孩子。他第一次出現固執行為的時候，鬧到差點把屋頂掀掉。他大聲怒吼，像個小妖怪一樣橫衝直撞。兩歲多的費迪南，力氣越來越大，已經可以跑上高高的樓梯，用力甩門，力道大到連牆壁都為之震動。此外，他也會弄壞玩具或昂貴的物品。有時一整天下來，他會大吼大叫好幾次，整間屋子都是他的叫聲。不過儘管如此，這位媽媽在處理次子的暴怒行為時基本上還算遊刃有餘。從費迪南的作風來看，他跟媽媽的個性比較像。他很直接，脾氣來得快去得也快，沒多久又雨過天晴，把不愉快的事忘得一乾二淨。次子鬼吼鬼叫的行徑讓爸爸招架不住，但媽媽卻經常從次子身上看到小時候的自己而忍不住會心一笑。

同住在一個屋簷下的兄弟姊妹越多，引發固執行為的動機就越多，比方說弟弟或妹妹就是想模仿兄姊的固執，或老是覺得自己最吃虧等等。第三個孩子名叫安娜，是他們家的開心果。她滿兩歲的時候，爸媽很緊張，不知道她的固執會是哪一種作風。結果那一刻說來就來。兩個哥哥有一次忽然把她獨自留在沙坑，跑去按爺爺奶奶家的門鈴，惹得她大發脾氣。事情的經過是這樣的：兩兄弟比賽看誰可以先跑到爺爺奶奶家跟他們打招呼，安娜也想跟上，但是她年紀小，動作沒那麼快，還絆倒了。她激動得大叫，臉色都發紫了，兩個哥哥手裡已經拿著爺爺奶奶給的巧克力，看到妹妹的模樣都嚇壞了。他們望著媽媽，問她「安娜是不是死了？」，因為他們從來沒見過妹妹叫得這麼淒厲。安娜被媽媽抱進懷裡，她深深吸了一口氣又呼出一口氣，接著便冷靜下來，重新露出笑容。

✪ 尋求協助

假如你發現自己招架不住孩子的固執行為，同時你也越來越常「發火」，請不要猶豫，立刻尋求他人的協助。你可以請教好友，或是也經歷過孩子固執期的熟人，請他們給你一些意見。此外，你也可以向教育諮詢專線或家庭諮商師求助。

你也要放鬆心情，大可將孩子交給你的另一半、孩子的奶奶或外婆，或是請也有小孩的女性好友照顧一下。給自己二十分鐘，甚至一到兩小時的時間放鬆，就足以產生意想不到的效果。你身上不只有母親或父親這個角色，你也是一個獨特的自己！在此先安慰一下各位父母：一般而言，孩子滿三歲之後，固執的行為會越來越少，因為這個階段的孩子更瞭解你的需求和要求，也越來越能處理自己的情緒。他們變得更有耐心，自我控制的能力也增強了。

✪ 回想自己兒時的固執期

當你又快要因為孩子的固執行為而覺得走投無路的時候，不妨找你的父母或兄姊聊一聊，問問他們你還是個小女孩或小男孩時「表現」如何。孩子的某些反應說不定會令人想起你小時候固執起來的模樣，而惹得大家會心一笑。畢竟俗話說的好，有其父必有其子！當時你的父母又是怎麼反應的呢？充分體諒你，還是對你很嚴格？當時還是孩子的你又有什麼感覺？回憶我們童年時期的想法和感覺，有助於我們深入瞭解孩子現在的動機與感受。

✪ 幽默感可以化解困難

本篇對固執的探討即將進入尾聲，在此提供H家的小故事，或許你也可以運用在自家小孩身上。

案例：放走「小頑固」

有一天，艾莎又在大鬧脾氣，這次是為了一片奶油塗太厚的麵包。她握緊拳頭，表情扭曲，那模樣讓媽媽想起她弟弟小時候也曾這樣。當時他七歲，跟現在的艾莎一樣大，那時他們的母親想出一個小頑固的故事來化解弟弟的固執行為。媽媽決定依樣畫葫蘆，她對艾莎說：「小頑固明明就藏在艾莎身上，你仔細看喔，它表情好嚴肅地盯著我們。我們快點把小頑固弄走，把它丟出窗外。」艾莎驚訝地張大眼睛。她哥哥非常熱心地跑到窗邊，把窗戶打開。這下子連艾莎也笑了出來，她把小頑固從胸口抓出來，拿到窗外丟掉。

案例分析

從那時起，媽媽又創造出好幾種不同的小頑固遊戲，這招用在女兒身上很有效，屢試不爽。這個遊戲有助於艾莎轉移注意力。她後來還可以明確說出小頑固躲藏的位置，比方說在胸口、腦袋裡、肚子裡或任何會害她生氣的地方。艾莎透過這個小遊戲體認到，她也想擺脫怒氣沖沖的情緒。固執倔強不再是罪大惡極，但是它會慢慢成形，而孩子也逐漸學會如何更恰當地面對自己的固執行為。

教養訣竅 **以「小頑固遊戲」處理孩子的情緒。**

父母也藉由這種「小頑固遊戲」，用幽默感和想像力來回應孩子激動的情緒，幫助孩子脫離「小頑固」的掌控，親子雙方因此變成了同舟共濟的好夥伴。一方面孩子有了台階可以下，另一方面父母又得以用正面角度來看待恢復平靜的艾莎。

父母把孩子的創造力一併納入，彼此相繫。比方說，小頑固當然有時候是很狡猾的，它會從窗戶或後門溜回來，有時候則藏在另一個孩子身上，甚至躲在狗的身體裡，看牠突然狂吠就知道。盡情發揮你的想像力，等擺脫固執行為之後，就能開懷大笑了。

艾莎的爸媽後來也將小頑固遊戲用在艾莎的弟妹身上，頗有成效，尤其是老三，即三歲的艾瑪。當艾瑪發現自己暴跳如雷、倔強得不得了時，就會問家人，「小頑固」是不是又來找她了。然後她會找爸媽幫她把小頑固從胸口或肚子抓出來。

不久前艾瑪在兒童遊戲場看到一個小朋友正在大發脾氣，她一臉嚴肅地說：「糟糕！小頑固跑去找那個女生了，我們要趕快幫她把小頑固趕走。」透過這種擬人化的遊戲，無論是大人還是小孩都不會再覺得固執行為很可怕。

盡快採取行動，試著用擬人化的方式來處理孩子激動的情緒，就越容易幫助孩子跳脫這種處境，孩子才能真正學會如何用新方法來處理失望。

發展心理學對固執期的解釋

固執是幼兒在發展自主性的過程中很重要的一個階段，同時也意味著孩子已經脫離嬰兒期。孩子開始學走路、學講話，拓展他的活動範圍，對孩子而言這是一個十分關鍵的實驗階段，而固執行為就是在這個階段初次登場。孩子知道自己與他人不同，開始自我覺察、探索自身的支配力。在此同時，他也對自己不滿意，因為很多事情他都還無法駕馭，這又會導致他觸犯了父母所設下的界限和規定。

由於孩子的需求迥異於於大人，因此他覺得自己彷彿受到限制。這種衝突不免會刺激到孩子的情緒，但這種激動狀態是不自覺地受身心機制的驅使所致。等孩子到了三、四歲時，才能學會控制自己的情緒。

大家也可以把固執視為一種短路現象。當孩子出現短路現象時，會暫時與周遭世界失去連線。孩子很容易為了某個原因就固執上身、哭鬧不已，但父母未必能明察秋毫，找出背後的動機，而孩子在固執行為消失之後，也多半早就忘了引爆點是什麼。

孩子的固執行為發生在他們的需求及意圖與大人的要求或限制相抵觸的時候。因此，與同齡的小朋友爭吵並不會觸發固執行為。年紀相仿的孩子在能力上勢均力敵，思考及感覺的模式也差不多，孩子在心理上不會陷入那種唯有在反抗父母時才會出現的困境與衝突。之所以會有這樣的心境，主要是因為孩子一方面渴望被瞭解或想遂其所願，但是當他受到責備或甚至被體罰時，又會擔心父母不愛他了。舉個例子來說，當孩子被大人支開，譬如（暫時）被留在別的房間裡或只能乖乖坐在椅子上不准講話，他會害怕自己被大人拋棄。這種恐懼或失望會形成新的情緒風暴，引發下一波固執行為。如此有可能產生惡性循環，最後親子雙方或許得靠諮商協助才能從中擺脫。切記，孩子受到的束縛越多，越會固執到底。

從三歲起，孩子的活動能力變強，動作越來越純熟，更瞭解事情的關聯性，也可以更清晰地表達自己的意圖，他們的固執反應就會變得越來越弱。三到四歲之間的孩子，在人際發展上有很大的進步，他們已經準備好往外發展，接觸家人以外的人。孩子可以等待、能夠用語言清楚表達自己，同時也會替他人著想——也就是指他已經學會同情和幫助他人。這表示，孩子現在可以上幼兒園了。

幼兒園的小朋友鮮少出現固執行為，不過偶爾還是會「倔強」一下。在團體生活中，孩子們學習互相尊重，遵守團體規則，控制自己的情緒，接受界限，他們對失敗的忍受度也提高了。幼兒的固執期再次結束。固執期會持續多久因人而異、隨狀況有所不同，同時也取決於環境因素、親子間的親密關係，以及父母的作為和社會環境。請身為父母的你，鼓起勇氣以同理心來接納孩子的固執！也請你將固執視為孩子的正面力量。

雖然孩子激昂的意志、強烈的挫敗感和狂爆的怒氣讓人不好受，但這些都是有益孩子身心的健康發展。唯有允許孩子表達情緒，他們才會覺得自己受到尊重。隨著自我意識逐漸茁壯，孩子會慢慢學會如何恰到好處地駕馭自己的情緒，最後得以融入社會生活。一個長大一點、信心十足的孩子，會設法實現願望，不會用固執行為來達到目的。他多了一些耐心，願意等待。這樣的孩子最後也一定會培養出挫折忍耐力。

第二章

兒童的暴怒與攻擊行為

嬰幼兒攻擊行為的發展

孩子大約從三歲起就不再那麼固執，因為他現在能夠更仔細地表達自己的願望和感受。不過很遺憾，警報尚未解除，孩子的情緒發洩——譬如暴怒和氣憤——並沒有減少，只是變得更複雜且以目的為導向。

孩子生氣的時候，不再像以前出現固執行為時那麼無助，任憑自己被激烈的情緒擺佈。他比以前更能夠控制自己的情緒，但同時他的需求與企圖也擴大了，讓他生氣或失望的理由自然也隨之增加。這個時期的孩子運動神經和語言能力發展得越來越好，也因此對人或對事展開肢體和言語攻擊的行為會增多。

還記得你的孩子仍是小嬰兒的情景嗎？你的寶寶可以無拘無束地在不同

情況下表現強烈的情緒，譬如開心、害怕、生氣和失望這些與生俱來的基本情緒。嬰兒還沒有時間概念，也不瞭解邏輯關係，但是他會在突然間或有時很頻繁地表達基本需求，包括食物、睡眠、關注和擁抱。

嬰兒無法等待，通常只要能盡快滿足他的需求，他就滿意了。他還需要緊緊依附父母（親子共生現象），父母的關愛讓他感到安全舒適。然而，大人未必能隨時取悅寶寶。在這種情況下，有時嬰兒也會情緒激動，你會發現他看起來很生氣。「還這麼小，脾氣就這麼大」，說不定你當時就曾經這麼想過。

爬行期的攻擊行為

爬行期及隨後的學步期幼兒好奇心旺盛，他們會一再地發現自己能力有限，也會第一次體驗到父母所設下的限制，同時覺得這些限制很蠻橫。視孩子的先天氣質而定，他們或許很容易取悅，可以迅速轉移注意力，但可能也會放聲大吼，表達他的失望與怒氣。就像第一篇提過的，孩子的固執行為就是在這個階段初次登場。一、兩歲的幼兒主要還是以父母的意志為準，但是諸如咬人、捏人、踢人和打人這類攻擊行為，也會在一歲時出現，這些都是人類與生俱來的行為。每一個幼兒，包括嬰兒在內，都會發覺自己有一股支配力，而且他會藉由攻擊行為來展現這種力量。

然而，孩子的攻擊行為並不帶有任何深層的目的和心機，他只是想試探看看會有什麼結果。孩子的出發點絕對沒有惡意。對於孩子的攻擊行為，有些大人反應平和，有些則勃然大怒，但不管如何，孩子無非就是想試試看，同時也藉此接觸其他小朋友和大人。孩子會不會越來越常利用這種攻擊衝動，端視個人經驗而定，他的父母如何因應這種行為尤其是關鍵。家庭氣氛也扮演重要角色。除此之外，在孩子學會說話以前，主要就是透過肢體語言來表達情緒（憤怒與失望）或意圖。

三到四歲的攻擊性語言

孩子的口語表達能力越來越強的同時，會有更多攻擊性語言脫口而出，譬如「媽咪壞壞」、「笨蛋」、「不要！我就是不要！」。等孩子到了四歲，這類語言的出現頻率會達到高峰。四歲這個年紀的孩子，有不少已經上幼兒園，他們一定會從同學那裡學一些髒話和攻擊性字眼回來，還會故意在你面前使用這些字眼。

你會在情急之下責罵孩子，但這種反應卻讓那些不雅語言變得更好玩。孩子感覺聚光燈打在他身上，體驗到某種支配力，而他的目的無非如此：想得到別人的注意。因此，在這種時候，你只需要聽他說，但不必多加探討他所說的話。也許只要告訴他你不喜歡他講這些話，那麼孩子就會知道，用這種方法其實得不到注意，要不了多久，他就會覺得說這些話很無聊。

孩子上幼兒園後必須適應群體生活，學習偶爾需要等待及遵守常規，他們的內心常因此積壓一些失望與怒氣。等他們回到家中，就會把這些情緒發洩在父母或兄弟姊妹身上。這種時候最好不要在孩子氣呼呼的情緒上打轉，而是應該想辦法問出孩子在學校裡做了哪些事。倘若你能體諒孩子在學校度過了漫長又辛苦的一天，便能化解這種衝突場面。

三到四歲的孩子已經能用粗野、破壞力強的攻擊行為引起他人注意。

幼兒最終是否能用社會可接受的方式來展現情緒，取決於父母的態度，以及之後幼兒園在教育過程中如何給予反應。你會在接下來的章節中讀到，尚有許多其他因素可能會影響攻擊行為的強度。若想判斷孩子的行為屬於正常的情緒表達，還是異常的破壞性攻擊行為，關鍵在於發生頻率，也就是各種攻擊行為出現的次數和行為持續的時間。

心理邏輯因素

究竟何謂兒童攻擊行為？孩子如何展現攻擊性、何時出現攻擊行為，以及為何會有攻擊行為？本篇接下來會探討這幾個重要的問題。

出於好奇、為了好玩

嬰幼兒與母親之間的肢體接觸十分親密，尤其是母奶喝到一歲的孩子。經常會聽到媽媽們抱怨，這個年紀的孩子會在喝奶時咬她們的乳頭、捏她們或扯她們的頭髮。除此之外，也會發生父母被嬰幼兒踢到或打到的狀況。寶寶寶難道是想故意激怒父母嗎？並非如此，他們只是想測試自己的力氣，看看大人有何反應，而且通常只是為了好玩和好奇而已。

不少爬行期的嬰幼兒覺得拉扯、拍打或咬大人及其他小朋友很有趣，他們也會對洋娃娃、動物玩偶和玩具做這些動作。嬰兒還不知道這類動作會弄痛別人，等到「被害者」嚇一跳、發出「唉唷」的叫聲時，孩子才會詫異地停止動作。也許他會覺得很驚喜，又或者一臉好奇，但無論如何他都沒有惡意，也還不懂得耍心機。他的行為看起來具有攻擊性，但只是出於好奇、覺得好玩罷了。

父母應立即反應孩子的行為是否受歡迎

你因為孩子咬你、捏你而被嚇到或甚至為此動怒，都是人之常情。不過正如先前所提過的，孩子並非出於惡意。你震驚的表情、大聲驚呼，緊握孩子的小手或用力搖頭，再嚴肅地補上一句「你弄痛爸爸了」這類的話，就是向孩子表明他的動作不受歡迎。孩子會察言觀色，他從大人的表情得知哪些動作會取悅別人、哪些會激怒別人。

假如你放任孩子做那些動作，甚至邊看邊笑，孩子會以為這是好玩的遊戲，自然要繼續玩下去，而且逐漸變本加厲，最後真的弄傷別人。到那時你又突然打寶寶的屁股教訓他，反而讓他對這個世界感到困惑。

本來是很好玩的遊戲，現在卻害他被責罵和處罰。當他為此大哭大叫，可想而知他內心有多不安和失望，或許覺得很憤怒也說不定。因此，大人最好從一開始就定下明確的界限，利用表情和手勢對孩子指出他的行為不受歡迎。

探索慾

案例：非惡意破壞

兩歲大的莫里茲在客廳玩棋子。媽媽正在廚房裡忙，遠遠傳來棋子碰撞的霹啪聲響。客廳沉寂了一會兒，媽媽覺得不太對勁，她決定去看看莫里茲確認一下。沒想到她竟發現莫里茲坐在CD架前面，全神貫注地玩著令人傻眼的遊戲——用鉛筆在CD片光滑的那面亂畫一通。

媽媽把CD從他手上搶過來，生氣地對他說「你實在很糟糕！東西到你手上，都會被你弄壞！」，說話的同時還打了他的手心。莫里茲目瞪口呆地望著媽媽，癟著一張臉，一副快哭的模樣。接著他把空CD盒往牆上一扔：「莫里茲沒有弄壞東西，莫里茲在畫畫！」

案例分析

孩子到了熱愛探索的年齡，會嘗試進行很多經驗和試驗，讓父母如臨大敵。建議你最好將貴重、無可取代的物品收到孩子碰不到的地方。從另一方面來說，父母也應當給予孩子空間，讓他發揮探索精神。可以將日常用品放在他能觸及的範圍內，但務必告訴孩子如何對待這些物品。

孩子擅長觀察與模仿，要是他能夠學會把鍋子從櫥櫃裡拿出來之後再重新放回去，這一定可以成為好玩的遊戲。不過，如果你發現孩子百般無聊時會想破壞家裡的陳設，最好設法轉移他的注意力，引導他將想玩的天性用在耐玩的物品上。讓孩子跟著你一起做家事也是不錯的辦法，或許你得花更多時間才能把事情做完，但你和孩子都不必發脾氣了。

教養訣竅 **向孩子示範如何正確使用日常物品。**

吃醋

案例：家庭新成員

賽巴斯汀三歲大，剛當上哥哥。他好奇地跟著爸爸去探望媽媽和剛出生的妹妹。賽巴斯汀仔細地瞧著妹妹並摸摸她。但是過了一會兒他說：「爸爸，把她抱走，我不喜歡小妹妹，她好醜。」父母聽了一臉震驚。他們的兒子是吃醋呢，還是真的討厭妹妹？

案例分析

賽巴斯汀絕非討厭妹妹。剛出生的妹妹看起來不怎麼可愛，令他有些失望，所以才坦率表達他的感受。他還無法想像和妹妹爭寵的情景，至於他之後會不會有吃醋的反應，就要看父母親有沒有先幫他做好心理準備，迎接妹妹的到來，以及妹妹返家之後，父母如何與他互動。家中第一個孩子當然會有一段時間完全獨佔爸媽的愛，因此賽巴斯汀現在也要慢慢習慣自己身邊多了一個小小的競爭者。

教養訣竅 **讓他參與照顧新生兒。**

教養建議

不能突如其來用一句「你現在當哥哥／姊姊了，要更懂事」這類的話，就廢掉老大的地位，應該讓他一起參與照顧初生寶寶的工作。假如老大還想當「小寶寶」，比方說想像嬰兒一樣被裹住或要大人餵食，也請你體諒他的心情。要是准許他抱一抱或搖一搖寶寶，會讓他覺得很有成就感。

施展支配力

案例：兒童遊戲場

一歲半的茱莉亞和海格各自在沙坑的一角玩沙。她們的媽媽聊得正起勁，所以並沒有一直盯著她們。茱莉亞把沙子剷到紅色桶子裡，海格則把造型模具填滿，再把做好的形狀倒出來，放到綠色箱子裡。忽然間，茱莉亞爬到海格身邊，用小鏟子敲了她的頭。海格放聲大叫，茱莉亞嚇了一跳，媽媽跑到她身邊，生氣地打一下她的手說：「茱莉亞，你怎麼這麼壞，海格又沒有對你怎麼樣！」現在換茱莉亞鬼吼鬼叫，而且還亂丟沙子。

案例分析

茱莉亞的確想用攻擊行為來達到她的目的，但是她並沒有傷害海格的意思。或許她注意到那個綠色箱子，想要拿到它，所以想測試看看自己有多大的支配力。她還不會耍心機，這點毋庸置疑，她的動作只是出於一時衝動的利己行為，而媽媽嚴厲的反應則讓她感受到，她接觸別人的方式是不受歡迎的。

然而，打手心並非恰當的做法，其原因在「處罰有不良副作用」裡有深入的探討。

教養建議

媽媽應當先在一旁等待，讓茱莉亞自己從海格的反應體認到打人是不對的行為，這才是比較妥當的做法。孩子約莫到了三歲，會開始爭奪父母的愛和注意力。人與人之間的相處之道，譬如等待、分享、跟別人借玩具等等，要到孩子三歲時才會在幼兒園學到。在此之前，孩子都是以自我為中心，會千方百計達到自己的目的。

不知如何與他人接觸

案例：幼兒園生活

四歲的史蒂芬妮一向很喜歡幼兒園的生活，不過今天爸爸來接她時，她哭著跑向爸爸。「我不想上學了，馬庫斯打我，又用指甲抓我，還跟我說：『滾開，我討厭女生』。」爸爸把史蒂芬妮抱在懷裡，讓她盡情地哭。接著他試著問女兒有關馬庫斯的事情。這個小男生才來幼兒園一個星期而已，經常撒野。除了史蒂芬妮之外，其他小女生也很怕他。

案例分析

爸爸跟幼兒園老師談過後發現，馬庫斯顯然有難以融入團體的障礙。他是獨生子，又搬了兩次家，以致於到現在都還沒加入過任何小朋友之間的團體。他不懂該怎麼接近其他小朋友，也不知道該怎麼做才能讓他們注意到他的存在，然後加入他們的小圈圈、跟他們一起玩，所以他乾脆用打人、抓人或講髒話的方法來試試看。

孩子也會用攻擊行為來博取他人的注意，爭取存在感，正如此案例裡馬庫斯的所作所為一樣。

馬庫斯的母親和幼兒園老師應當協助他設法用別種行為，友善地與其他小朋友接觸。比方說，媽媽可以邀請一、兩位小朋友到家裡，讓馬庫斯慢慢學習如何與其他孩子相處。比起幼兒園這種陌生、空間又大的環境，孩子在家裡會自在得多。只要馬庫斯能夠交到一個朋友，他在團體生活中會變得更有安全感。

「我不要！」

案例：收拾玩具

羅柏特和莎拉兩兄妹在房裡玩，他們都是學齡前兒童。房間亂七八糟，好像打過一場仗似的。再過十分鐘就要吃晚餐了，媽媽要求他們收拾房間。不過房裡沒有動靜，羅柏特照玩不誤，彷彿沒聽到媽媽的話，莎拉也繼續坐在扮家家酒的玩具堆裡。媽媽又催了他們一次，只見莎拉搖搖頭說「我不喜歡收拾」，羅柏特則挑釁地把耳機戴上。媽媽只好找爸爸幫忙。爸爸對他們大吼：「不馬上收的話，就給我試試看！」莎拉不禁埋怨：「為什麼我要收？現在這樣就很好啊！羅柏特才應該收拾。」羅柏特轉過身對妹妹說：「笨蛋，叫你收你就收！」兩兄妹開始吵了起來，爸爸不耐煩地扯下羅柏特的耳機，又把莎拉從羅柏特身邊拉開。莎拉大哭大叫，跑出房間，羅柏特在原地跺著腳喃喃自語：「爸爸很討厭。」在此同時，媽媽動手收拾房間，此舉惹惱了爸爸，他指責媽媽教小孩不夠嚴格，因為她最後還是攬下所有事情，這樣會讓孩子一直騎到她頭上。

案例分析

此案例跟兒童攻擊性有很大的關係。兩個孩子都想照自己的意思做，所以相互爭吵。父母隨後也加入戰局的場面更是屢見不鮮，這對有學齡前兒童的家庭來說是典型的日常生活，同時也是經常會碰到的教養局面。

這兩個孩子是不是又壞又沒規矩？他們的爸媽是不是一個太逆來順受，另一個又容易焦躁？此案例中兩兄妹的情緒，其實十分正常。誰都不願意玩得正開心就得說停就停！說不定大人遇到這種情形也會替自己找藉口。唯有先找出孩子行為背後的動機與目的，並認清自己的教養態度和教養目標，才不會天天上演教養衝突，吵得沒完沒了。

發展心理學的解釋：攻擊行為的肇因與目的

以上所描述的各種狀況，經常發生在有幼兒的家庭裡。孩子的各種情緒與攻擊性，就跟他們快樂的反應一樣，全都屬於日常的一部分。然而，孩子的目的迥異於父母，若他們面對的界限和限制很多，試探父母底線的意念又強的話，肯定會衝突不斷。孩子有攻擊性是正常現象，這同時也跟他們的年紀有很大的關係。每一個攻擊行為的背後，都有其心理上的原因和特定目的。

大人對於自己本身的情緒，早已學會如何掌控，但由於肩負各種責任、分身乏術，致使大人沒有時間去細想孩子真正的需求與感覺。大人的思維和情緒世界有別於孩子；孩子往往執著於當下，沒有時間概念，也不瞭解邏輯關係，必要時不惜施展支配力來滿足自己的需求和願望。大人要不是心存體諒，實現他們的願望，就是祭出責罰，拒絕他們的要求。溺愛和放任這類過於寬容的作為，也會激發孩子的攻擊性，這是因為孩子終究會希望大人認真看待他們，但又無法忍受加諸在他們身上的界限。

兒童攻擊行為的目的

✽**滿足自己的願望**：針對某個目標採取行動，比方說拿走別人的東西、為了拿到某樣東西而推開別人。

✽**施展自己的支配力**：試探底線。

✽**想知道誰比較強**：激怒別人很有趣；好奇別人會作何反應。

✽**接觸他人**：也就是玩鬧式的攻擊行為，譬如推人、捏人、扭打、拿走東西。

✽**消極反抗（多半針對大人）**：譬如悶不吭聲、不看人或故意拒絕自己明明很喜歡的東西。

✽**不喜歡自己**：藉由傷害自己去體驗一些感受（譬如拔頭髮、把自己抓到流血）。

✽**透露害怕與不安**：孩子覺得很孤單、擔心被處罰、怕其他小朋友，覺得被冷落等等。

✽**抒發吃醋的心情**：孩子想成為父母關注的焦點，他覺得受到冷落，不被疼愛。

✽**表達失望（挫折感）**：大人的禁令和處罰太多，或者是孩子本身的肢體能力還不足，使孩子覺得處處受限。

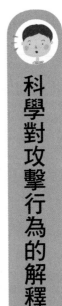

科學對攻擊行為的解釋

挫折引發攻擊行為

此行為研究主要是以挫折（失望）會引發某種形式的激動狀態這個假說為基礎。人碰到挫折的時候，那些使我們無法追逐需求、達到目的的限制，會變得更礙眼。大人和孩子每天都會不斷地遇到挫折，因為日常生活中一定會有界限，或者也可以說經常出現約束我們的事情。年紀越小的孩子，越容易將壓抑他們需求的限制視為父母的專制作為。有些一到三歲的孩子在面對父母設下的限制時，甚至會出現堅決反抗的倔強反應。

正如先前所提過的，固執行為這種情緒激動的狀態，並非衝著某人而來，而是孩子不自覺受到身心機制的驅使。但如果孩子藉由攻擊行為達到目的、反抗他人，這就是一種對人、對事的行動。年紀小的孩子還不懂大人所定下的規則，要等到他們八至十歲，能夠進行理性思考後，才會更瞭解大人的規定。對三、四歲的幼兒訴諸理性，有如對牛彈琴。大人應該做的是根據孩子的年齡，一再地向他說明和示範什麼是合宜的行為。要求太多只會讓親子間更挫折。

孩子在日常生活中如何處理挫敗的情緒，他會在失望之餘採取攻擊行為，還是用建設性的想法來應對，就看父母對孩子的態度而定。

某些方面的失望感也會形成挫折，譬如輸了比賽、做不到某些肢體動作、對愛的需求受到壓抑或感到不滿足、得到的關注太少等等。每一個孩子都希望自己是注目的焦點，只知道地球繞著自己轉。假如孩子被認真看待，也得到足夠的愛，他一定能學會處理挫折，鍛鍊出所需的挫折忍受力。

挫折容忍力促進人際關係

有挫折容忍力的孩子，會逐步養成處理失望情緒的能力並學會等待，同時也能替他人著想，也就是從對方的角度來判斷和同理某件事。同情心這樣的精神，孩子主要是從觀察大人的世界學到的。父母透過自己的經歷、利用説故事的方式，讓孩子體認到別人和動物也有感覺、也會痛苦。當父母這麼做的時候，就等於發揮了以身作則的效果。孩子跟玩偶玩扮家家酒時，會一再地模仿慈愛、體貼和富有同情心的角色。經由大人的解釋、循循善誘，當然還有認可，再加上孩子對某些事物越來越擅長，內心逐漸累積自信之後，就能禮讓他人、體諒他人的處境。父母是幼兒榜樣，幼兒的人際關係與心理發展靠父母來推動，觀察三、四歲的孩子跟玩偶玩扮家家酒，就能明顯看到孩子在這方面的發展。當你和孩子一起閱讀繪本，用引導的方式跟孩子解説人際關係的各種狀況，或一起在路上看到某些個畫面，比方説老人家在旁人的攙扶下過馬路，他們會將這些場景記在腦海裡，之後再加以仿效，進而幫助他們提升社會能力。

孩子若沒有大人循循善誘，又無好榜樣可仿效的話，多半在四到五歲之間會因缺乏同情心而做出許多令人側目的事情。他們有時候會做出自私又放肆的反應，容易表現出毫無顧忌的攻擊行為。幸好人會自然發展出挫折容忍力，這種力量可以保護孩子不被本身強烈的攻擊性牽著走，並激發孩子的同情心。最慢到六歲左右，孩子就應該具備了將心比心的社會能力。然而，幼兒若遭到否定，得到許多負面關注（孩子有被拒絕的感受，甚至因為失望和憤怒的反應而受到處罰），挫敗感會逐漸累積，如此一來便難以形成挫折容忍力。孩子會常常為了一點小事就內心受傷，然後「火山爆發」，一如成人世界裡那些凡事看不順眼、愛找碴的女人，很容易被芝麻綠豆的小事激怒，又像在職場上百般隱忍、壓力很大的男人，回到家裡就亂發脾氣。從客觀面來分析挫折之外，也必須探討孩子在受挫時的情緒層面。所有挫折的背後，都存在著憤怒、害怕或受到冷落的感覺。假如孩子採取攻擊行為的頻率增加，大人應當設法找出隱藏在孩子內心的情緒，深入觀察在哪些情況下產生挫折反應。

攻擊性是求生本能

動物行為學家認為攻擊性是人類與生俱來的求生本能，可幫助人們得其所願。如果不能滿足這種求生本能，也就是過於限制孩子，致使他們的攻擊性受到壓抑，就會變成不定時的情緒炸彈。一九七〇年代，美國有一種新興的教養類型，以不讓孩子遭遇挫折為訴求，後來也傳入德國。這種作風標榜父母不可定下任何界限，應盡可能讓兒童自由發展（「無挫折兒童」教養法）。然而事實證明，過了幾年後，以這種方式教養的兒童頑皮叛逆且攻擊性強，令人不敢領教。動物行為學家所提出的證據顯示，人天生就有攻擊性，即便放任孩子自由發展、不讓他受到一丁點挫折，也不會因此讓攻擊性消失。

攻擊性應有限度

以教養的角度而言，人類的攻擊性應受到特定界限、規則和禁令的約束。不設下界限，放任孩子自由發展，孩子日後可能產生難以進入社會生活的問題（也就是成為小暴君）。如果成人沒有界限和道德的規範，就容易有暴力傾向。由此可見，孩子不但需要界限，設界限的方式也會對孩子的行為產生深遠的影響。權威型、處罰型的教養風格，就跟放任型的做法一樣，會觸發孩子的攻擊性。

教養風格與兒童攻擊行為的關係

除了動物行為學家之外，社會學家與人類學家也針對人類的攻擊性做了深入的研究。他們比較不同的民族文化，發現每個社會所展現的攻擊性各有特色。這些生活方式不同的社會，有的展現愛好和平又積極向善的作風，有的則好勇善戰，以獵人和戰士自居，為求達到某些目標。

有些原始部落會摒棄所有嚴厲的干預方式——即處罰和暴力手段，集合大家族的力量，一起用平和的方式來教養孩子。孩子之間相處融洽，對陌生人充滿好奇，在這些孩子身上，看不到任何固執的行徑。另一種部落的作風則完全相反（彼此間的距離多半只有數百公里），大人從孩子約莫三、四歲起（尤其是男孩子），就會故意刺激孩子，直到他們忍無可忍、暴力相向為止，藉此養成他們不怕痛又好戰的個性，以便日後能成為優秀的部族獵人和戰士。

由此可見，攻擊型態可視為先天特質與後天教養混合而成的行為。倘若某種社會不得不抵禦外侮，就必須鍛鍊孩子好勇善戰。如果能夠過著和平的生活，孩子自然可以被教養成和和氣氣的人。

同樣地，在現代的工業社會裡，教養風格、親子間的親密性與家庭價值觀這三者之間的關係密不可分。另外，孩子的成長背景也有舉足輕重的影響，譬如孩子是來自小家庭、生活在居民生活方式大同小異的某個小村鎮，還是住在大都市裡的大樓裡、由單親媽媽撫養長大，這些因素也很重要。

結論：攻擊行為其來有自

攻擊行為的背後多半存在著偶發事件或必要要求所造成的挫折，或者是被父母否定而產生的挫敗感。暴怒與氣憤這類的情緒，以及不被接納的無力感，同樣也會觸發攻擊行為和焦慮。攻擊性乃與生俱來，但其表現方式會隨著社會文化和教養類型的不同而有所差異。

兒童攻擊行為的起因

有幾個原因會造成孩子的攻擊性增強，這也是接下來的章節所要探討的主題。

父母的教養行為

三歲前的幼兒藉由觀察和模仿原生家庭的生活樣版，來學習社會行為。因此，父母若是好榜樣，就能給予孩子充滿安全感的親密關係，若為壞榜樣，則養出沒有安全感的孩子。孩子一歲前若能得到安定、親密的依附關係，就能為日後的自信養成打好堅實的基礎。在此同時，父母為了讓孩子瞭解家庭規範所採行的教養途徑，包括說話的用語和聲調在內，則具有關鍵性的影響。父母的愛可以讓孩子得到被接納和認同的感受，換句話說，父母的某些反應也會讓孩子感覺被冷落和否定，尤其是那種很情緒化、經常對孩子大吼大叫的父母。

以權威壓制孩子，教養態度前後不一致（譬如有時溺愛孩子，有時又常常處罰孩子），也對孩子十分不利。假如父母鮮少顧及孩子的需求，甚至覺得孩子很煩人或否定他，會造成孩子很小就有痛苦的經驗，進而迫使孩子以特定行為保護自己免於遭到更大的委屈。他會用攻擊性的行動騷擾別人，或表現出提心吊膽的消極行為。父母多半無法從這些行為讀出信號，甚至覺得事情根本沒那麼嚴重。

假如忍氣吞聲的孩子又被父母體罰，他總有一天會將壓力轉嫁到他人身上。孩子第一次出現這類攻擊行為，通常是在上幼兒園的時候。三歲小朋友已經可以表現出強勢的攻擊行為。請父母在日常生活中用心找出這些造成孩子失望的挫折，設法向孩子說明特定規範的必要性，同時體諒孩子的感受，幫助他在生活及學習層面上培養挫折忍受力。父母透過鼓勵和讚賞，並持續不斷地肯定孩子的能力，可強化孩子的個性，使他能夠更加沈著地處理日常生活中的怒氣。

另外還有一種過於保護孩子的父母，他們准許孩子做任何事，放任孩子所有作為，直到某一天孩子出現攻擊行為，讓他們始料未及。這些孩子會故意挑釁父母，除了想得到父母的正視之外，也有試探父母底線的意思。嬌生慣養的孩子要什麼有什麼，最後會變得毫無節制。

嚴厲的教養風格

案例：亞麗珊卓自認是玩偶的媽媽

四歲的亞麗珊卓上幼兒園已經一年。身為獨生女的她讓學校老師十分憂心，因為她玩玩具時的暴力畫面總是令人咋舌。亞麗珊卓對小朋友的團體活動並不熱衷，寧可待在家家酒玩具區，玩她最喜歡的「媽媽照顧寶寶」遊戲。她在玩這個遊戲的時候，會把媽媽照顧寶寶一整天的生活演出來，包括從早上起床到午餐時間，最後上床睡覺等等。其中最叫老師驚訝的，就是亞麗珊卓當娃娃的媽媽時非常沒有耐性，常氣呼呼地對待她的小孩。她會大聲責罵娃娃，把它的小裙子掀高，一直打它屁股。假如其他小朋友想扮娃娃的爸爸，跟亞麗珊卓一起玩，或是想拿走娃娃，亞麗珊卓馬上變臉。她會把娃娃搶過來，表情難看地對那個小朋友大呼小叫。只有等其他小朋友離開，遊戲區剩她一自己的時候，她才會恢復平靜，她討厭跟其他小朋友一起玩。

老師考慮是否該和亞麗珊卓的媽媽談一談，不過最後決定先觀察亞麗珊卓一陣子再說。她和班上其他小朋友一直很努力地讓亞麗珊卓感受到，跟同學和和氣氣地一起玩耍是很棒的事情。直到有一天，老師注意到亞麗珊卓的媽媽來學校接她的情景。媽媽沒有親切地跟女兒打招呼，反倒是一見面嘴裡就吐出一句「我的老天，你怎麼又把自己弄得這麼髒！快去洗手！」亞麗珊卓不從，她想先穿好衣服。媽媽立刻拉下臉，氣得打了她的屁股。亞麗珊卓哭著洗完手，又哭著跟著媽媽離開幼兒園。

案例分析

此案例中的幼兒園，請老師進行監督，鼓勵老師與園方一起跟亞麗珊卓的媽媽懇談，說服她有必要帶孩子接受諮商輔導，同時又成立了社會支援網絡來減輕這位媽媽的負擔。半年過後，亞麗珊卓的行為大有改善，終於能融入幼兒園的團體生活。

父母的身教效果

亞麗珊卓的攻擊性反應，包括她的表情手勢、說話方式和打娃娃屁股等動作，在在映照出母親發怒時的模樣。孩子一歲前主要是透過觀察來學習。由此可見，讓亞麗珊卓感受最深的，顯然是母親在不耐煩時對她大吼大叫或打她屁股的情景。這個小女孩看到的幾乎只有這種行為模式，也難怪在玩扮家家酒時總是一再地重複這些動作。

孩子仿效的當然不僅僅只有父母，手足和玩伴也是他們的模仿對象。當孩子們玩在一起時，也一定會觀察其他小朋友的行為。孩子的年紀越小，越容易受到父母行為的影響。假如父母當著孩子的面做出攻擊行為、對另一半大聲怒罵或甚至動手毆打，等於做了不良示範。倘若父母不能成為好榜樣，孩子又怎麼能學會平和社會行為呢？高壓、嚴厲或甚至是體罰型的教養行為，會激發孩子的攻擊性。如果父母發現自己過度苛求孩子，應及早尋求協助，以免造成孩子行為乖張。

溺愛型教養

你是不是那種世代父母，誓言讓孩子過得比自己更好？小時候缺乏愛或在嚴格的家庭環境中成長的父母，往往會竭盡所能地寵愛和體諒他們的孩子。這類型的父母全心迎合孩子，不願意勉強他們，並且給孩子充分的肢體接觸和足夠的自由空間。他們認為最好盡量別讓孩子有哭鬧的機會，孩子也不需要為自己的需求奮戰。

然而，父母一再屈從孩子的意志，就等於是在溺愛孩子；孩子同樣需要依歸和界限，否則碰上飲食和上床睡覺這類重要的事情，就會引發衝突。飲食和睡眠是生存所必需，假如孩子突然間在這些方面出現問題，父母也會動輒得咎。接下來的案例描述一對極有耐性的父母，如何被女兒的飲食習慣逼到絕境。

過度操心

案例：丹妮拉不想吃東西

一切要從當時還只有九個月大的丹妮拉發燒三天談起。那三天丹妮拉幾乎沒吃東西。期間媽媽總共親餵她一到兩小時，另外還給她喝一點茶。丹妮拉病好了之後，媽媽像往常一樣想在親餵後再給她吃一些食物泥。可是丹妮拉卻用力把媽媽的手推開，還把食物泥吐出來。女兒生病時瘦了不少，媽媽擔心地做了各種食物泥要餵女兒吃。但丹妮拉每次都把嘴巴閉緊，搖著頭把湯匙推開。以前爺爺奶奶餵丹妮拉吃東西的時候，她的食慾總是很好，結果現在連爺爺奶奶也拿她沒辦法，再怎麼好言相勸也不肯吃。

爺爺有一天晚上做了香腸沙拉，丹妮拉看了睜大眼睛，用手指著香腸。但是媽媽搖搖頭說：「不行，香腸沙拉的口味太重也太酸了。」丹妮拉卻不這麼想。她更用力地指著香腸沙拉，開始大大吼大叫。這時爺爺出面了，他說：「吃一點沒關係」，接著把香腸片放到丹妮拉的小手裡，她把香腸片塞進嘴裡，吃得很開心。隔天的狀況也一樣，女兒堅決不接受媽媽給的食物。爸爸下班回家後，花了不少功夫試圖說服女兒吃點東西，但還是徒勞無功。丹妮拉只願意吃根香蕉或一小片麵包。

兩天後，丹妮拉的爸媽帶她去找小兒科醫生。醫生診斷發現，丹妮拉的體重稍微不足，最好盡快恢復正常飲食。他建議不知所措的媽媽可以多餵女兒喝母乳，但是這個辦法也不管用，因為丹妮拉喝得很少。她其實比較想吃大人的食物，總是用力指著香腸、水果和餐桌上的其他菜餚。媽媽卻認為丹妮拉太小，不適合吃這些東西，所以還想繼續一湯匙、一湯匙地餵丹妮拉吃食物泥。然而丹妮拉很排斥食物泥，她大吼大叫，握緊拳頭，把面前的小盤子掃到地板上。媽媽無奈地表示：「丹妮拉不吃點適合她的食物怎麼行！」這一切都是從丹妮拉的飲食行為衍生出來的，她儼然成了全家的重心。

案例分析

丹妮拉展現出強大的消極反抗力量，同時她也發現，透過拒吃行為可以有效地操控父母與祖父母。父母在過度擔心的情況下，反而沒想到去探求女兒拒絕吃東西的背後原因。父母的過度操心顯然是由內疚所引起。一整天下來，小湯匙和食物泥不斷地送到丹妮拉面前，但每次都被丹妮拉成功拒絕。這個小女孩坐在她的高腳餐椅上耗上一小時，最後哭到傷心欲絕，直到媽媽把她放下來為止。

從丹妮拉父母的談話可得知，他們小時候都很挑食，當時他們的父母也很擔心他們的體重。

進一步詢問後又發現，丹妮拉到現在還不行跟父母同桌用餐，大人總是另外餵她吃東西。此外，操心過度的媽媽沒時間陪小孩玩或跟孩子親近，她認為「孩子太輕，必須吃東西」是唯一重要的事情。拒吃大戰演變到最後，對所有牽涉其中的人來說都成了一場夢魘。丹妮拉也想藉由拒吃來表明，她討厭爸媽給她的食物；她想吃的是爸媽吃的東西。

諮商輔導讓丹妮拉的爸媽瞭解到，女兒其實可以自己吃東西了，也會用杯子喝水。現在，這個孩子總算可以開開心心從餐盤裡拿香腸、麵包或水果來吃。丹妮拉無非就是不願意再吃食物泥，她想嚼固體食物，但是她年紀還小，無法用言語表達，只好用消極的反抗方式，讓大人注意到她的需求，只是沒想到最後會變成母女相互角力，讓情況越來越難收拾。

這對父母也在諮商輔導中學到，應當為女兒設界限。比方說當女兒亂扔杯子或湯匙時，爸爸或媽媽會溫和但堅定地握緊孩子的手，問她：「肚子還餓不餓？還渴不渴？」如果女兒沒有回應，她的盤子和杯子就會被收走，這樣才能從她的反應看出她是否還想繼續吃。假如她吃飽了，就立刻讓她從高腳餐椅上下來。丹妮拉和父母去做諮商輔導時，她已經一歲半，懂得如何表達她的需求。不過，她的語言能力還不足，這倒不稀奇，因為她只需要暗示一下，爸媽和爺爺奶奶就會立刻急著滿足她的願望。

在這個案例當中，父母的行為顯示他們過於主觀和操心，以致於忽略了爬行期幼兒的真正需求。他們一直把丹妮拉看成凡事需要仰賴大人的嬰兒，疏於訓練女兒獨立自主，甚至還阻礙她的發展。父母的行為觸發了丹妮拉強烈的攻擊性，拒吃食物泥的狀況尤其明顯。

不管父母是過於嚴格或窮擔心，都會引發孩子的攻擊性。此外，過度溺愛的教養行為（最糟的狀況就是只要看到孩子指一下或聽到他發出一點不高興的聲音，就馬上滿足他的願望），最後會把孩子養成需索無度，因為父母的行為只讓他學到自己可以隨心所欲。往後當他參加兒童遊戲團體，或到了三歲必需融入幼兒園的團體生活時，就會覺得等待或分享是很痛苦的事情。屆時他會設法透過攻擊行為來達到自己的目的，畢竟他對「凡事如他所願」早已習以為常。

另外還有一些因素也會觸發攻擊行為。

手足爭寵與爭吵

在子女較多的家庭裡，或是日後孩子參加遊戲團體的時候，大人往往會發現，有些孩子喜歡挑身邊弱小的「被害者」下手，在他們身上試驗自己的膽量和支配力。

兒童攻擊行為的性別差異

孩子之間的爭吵模式，男女有別。現今的社會普遍接受男生的攻擊性可以比女生高。男生之所以攻擊意念較強，有其生理上的因素：男孩子被激怒的時候，所分泌的腎上腺素比女生多，導致他們更容易透過肢體來發洩怒氣。推撞、爭吵、伸腳把人絆倒或扭打，都是男孩會有的動作。只要是為了追求公平正義，攻擊者也願意鬆手，沒有對被攻擊者做出過份的動作，則可歸類為正常的兒童攻擊行為。如同先前所提過的，孩子也會藉由攻擊行為來接觸別人或測試自己的支配力。個性爭強好勝的小男孩特別喜歡當頭目，唆使幾個小跟班一起惡作劇。另外，總也有一些父母，特別是父親，會鼓勵兒子：「打下去就對了，不要忍耐，保護自己！」

女生的攻擊行為比較克制。她們會互扯頭髮也有可能互相推擠。說話帶刺、咄咄逼人也絕對是女生用來達到目的的武器。社會文化允許女孩有表達情緒的空間，所以她們多半比較愛哭或嘟嘴嘔氣。反觀男孩，他們從某個年齡開始，就被加諸「男兒有淚不輕彈」的期待。如今雖然有不少父母和師長在教育過程中盡量不去強化性別角色，但大家還是普遍認為，男孩與女孩所受的待遇還是有所不同。社會文化對於兩性角色的行為依舊有著刻板的期待：男孩以強而有力的方式達到目的，女孩則應具備同理心，也就是說女孩更懂事，也比較順從。這種觀點也會影響孩子如何展現攻擊行為。

值得玩味的是，做了父親的男人通常早就忘了自己小時候的情景，所以看到兒子富有同情心或愛哭的模樣，往往難以接受。反觀女人，對自己小時候的貼心、帶給別人的慰藉仍記憶猶新，因此也樂於將這種特質傳承給她們的孩子，特別是女兒。

手足組合與父母的處理之道

若談到父母的愛，手足之間終究是競爭者的關係。家中每個孩子各有其地位，而兄弟姊妹之間的相處方式，也取決於家裡的老大是男是女。另外，孩子之間的年齡間隔、是否為同性手足或男女參半，也具有關鍵性影響。老大在玩的時候若被弟弟或妹妹干擾，往往會感到不開心。如果弟妹把玩具弄壞，老大甚至有可能氣得大聲責罵弟妹、把他們推開或打他們。這類攻擊行為很正常，只是孩子用來達到目的的一種手段。

教養訣竅 **讓老大正確捍衛自己。**

教養建議

讓老大瞭解怎麼做可以不需要打人又能捍衛自己的權益。告訴孩子，他有權利自己玩，不一定要讓弟妹加入。假如老二還太小不懂事，父母最好特別陪他做其他活動，好讓老大能不受干擾地玩。慢慢教導兄弟姊妹互相體諒，正當地運用他們的攻擊性。

年紀越大的兄姊，就越容易用攻擊性語言宣洩他的怒氣和嫉妒的心情。言語是抒發管道，但也可以成為故意侮辱與傷害他人的工具。因此，應當教導孩子說話要有節制，有些言語是禁忌。孩子不免會說「笨蛋！」或「白癡！」這類罵人的字眼，不過等孩子大一些，這些措辭會消失，他們的語言能力變得更好，學習用「不要打擾我」、「我想自己玩」、「你讓我很生氣」、「你打擾我了」這些句子來表達不滿，對他們而言是輕而易舉的事情。孩子應盡早學會如何描述自己在生氣或吃醋時的感受。允許孩子用吼叫的方式盡情抒發他的情緒，但也要教孩子好好用言語表達感受。

老大的處境

手足之間經常會出現因為「食物分配不公」而爭吵的狀況，這種狀況多半由老大發難，而且會持續好幾年。老大總覺得弟弟或妹妹盤裡的魚肉就是比較大塊、拿到的蘋果最漂亮或得到的巧克力就是比較多。食物是否會一再成為觸發孩子攻擊性的導火線，端視孩子的天生氣質和年齡而定。這種手足間的爭端十分正常，但是父母想全身而退並不容易。你若是介入越多，或甚至想追究責任，反而會使孩子的攻擊性變得更強。

儘管做到公平不偏心是你在教養這條路上對自己的期許，但實際上未必能真正落實。每個孩子的天生氣質各有不同，個性也有所差異，父母自然也會根據孩子的本質，給予不同的反應。這個孩子既貼心又乖巧，另一個孩子總是在芝麻綠豆的小事上反抗到底，父母不可能有一樣的反應。

身為老大的孩子經常聽到「你不可以再這樣了，你長大了，應該更懂事才對」這類的話。然而，正是這種話讓老大認定父母偏心，以為他們比較愛弟弟或妹妹。

有手足子女：每個孩子都有權利

案例：手足爭吵

費迪南和柯奈莉亞兩兄妹分別為六歲和三歲，他們坐在桌邊吃午餐。本來兄妹倆正津津有味地吃著義大利麵，突然間，柯奈莉亞大聲尖叫，因為費迪南一直把椅子往前挪，壓到柯奈莉亞的腳指頭。媽媽警告費迪南後，他發牢騷說：「每次都說我壞，你根本不愛我，你最愛柯奈莉亞。」媽媽對兒子突如其來的爭風吃醋感到詫異，但也很氣他偏偏挑吃飯時刁難妹妹。他靜靜地吃了幾口後，又故技重施。這下子真的把柯奈莉亞惹火了，她用湯匙丟費迪南。媽媽也受不了，她抓起費迪南，把他弄出廚房。他隨即挑釁地甩上門大喊：「笨蛋！」媽媽跟在後頭，狠狠地責罵他。午餐又在吵吵鬧鬧中結束。這時傳來柯奈莉亞的怒吼：「不要罵費迪南，他是我哥哥！」，媽媽聽了以後頓時感到無奈，搞不懂這到底是怎麼一回事！

案例分析

手足爭吵的典型流程不外乎父母其中一方出現介入，導致兄弟姊妹之間瞬間爆發爭吵。爸爸或媽媽總以為必須插手干預，殊不知這會讓強勢的孩子博得大家的注意。儘管這個孩子多半會受到斥責，但他畢竟還是得到了關注。只要父母別跟著攪和，或保持中立，孩子多半會自行解決他們的紛爭。

別指望你的兒女總是相親相愛，因為孩子在家中各有各的地位，這有助於他們形成「肯定自我、尊重他人」的能力，日後他們就是靠這種不可或缺的能力來守住自己的社會地位。

教養訣竅 **父母應特別留意，別在手足間發生爭吵時給他們更多刺激。老大往往是那個被要求退讓、又得表現出很懂事的角色。**

教養建議

父母唯有在非不得以的情況下，譬如孩子打架時，才能出手介入孩子之間的爭吵。只要將爭吵的孩子們分開即可，別去追究誰對誰錯。父母保持不淌渾水、不選邊站的原則，孩子自然很快就會和好。

父母也要特別注意，別老是怪罪某個孩子。每個孩子隨著年齡的不同，應該有各自的權利和義務，但無論如何，所有的孩子都必須學習互相體諒。

獨生子女

獨生子女在日常生活中所受的限制較少，也不必跟其別人分享父母的愛。但相對來說，獨生子女要融入團體活動則不是那麼容易。因此，獨生子女最好要趁早利用某些場合與其他小朋友接觸，譬如沙坑、兒童遊戲場、幼兒遊戲團體等等，倘若條件允許，也可以上幼兒園。

獨生子女務必學習如何因應他人的強勢行為，捍衛自己的權益。雖然獨生子女在家中會受到大人的管束，但大人多半也會達成他們的心願。和兄姊的年紀差一大截的老么，通常會有類似獨生子女的感覺，他不但有很大的自由空間，還能得到很多大人的悉心呵護。

有了弟弟或妹妹之後

案例：媽媽需要休息時間

身為人母也該呵護自己，盡可能從日常生活中挪出一段時間，讓自己放空一下，得到休息。我當年在照顧大兒子時，會將煮蛋計時器放置在兒子的遊戲間，告訴他等二十分鐘後計時器一響起，他就可以叫醒我。這段小憩時間是我的每日必需，我為自己保留這段時間，好讓我可以做自己。我會躺在遊戲間，把耳塞戴上，費迪南在一旁玩耍，那時還是小嬰兒的老二也醒著，而小憩時間最關鍵的作用就是我不必忙著處理孩子的要求。對兩個孩子來說，身為媽媽的我就在他們眼前沒有離開，但在此同時，我又能放鬆身體，得到休息。

案例分析

手足之間最容易吵得不可開交的年齡差距在三歲以內。假如老大年紀還小，他的反應會很衝動，理性的說明恐怕對他不適用。

身為父母的你，請設身處地體諒老大的感受。假設有一天，你的另一半突然帶著第二個妻子或丈夫到你面前，直接了當地對你說：「親愛的，我知道你絕對不會反對我們家有新成員加入。你現在也大了，又懂事，相信你一定會跟新家人好好相處」，想必你聽了也高興不起來。弟弟或妹妹出生的那一天起，每天都會從老大身上分走很多父母的關注，老大一定會因此逐漸產生嫉妒弟妹的心理，這種吃醋的心情有可能一輩子都不會消失。父母當然希望能夠像過去那樣給老大一樣的愛，但是愛這種東西根本沒辦法平均分配，手足間的爭吵也是不可避免的。

這個時候，父母如何作為就很重要。舉個例子來說，生了兩個子女的媽媽所承受的種種，絕不是只生一個孩子的媽媽可以相提並論的。尤其是兩個子女間的年齡差距小，或一次要照顧兩個嬰兒的時候，往往讓人不堪負荷。父母不可能隨時隨地都能沈著冷靜地應付兩個孩子。

假如老大能夠在和善、充滿愛又挫折不多的環境中成長，通常只要到兩、三歲，他們就擁有自主能力和自信，會願意多讓一下媽媽跟前的小寶寶。此外，如果老大在弟妹出生前，已經接觸過其他年紀較長的小朋友，他就會越來越適應家中多了新夥伴的感覺。只要有你的鼓勵，他也會想跟你一起照顧嬰兒。等到小寶寶可以用湯匙餵食的時候，請老大幫忙餵寶寶吃東西。老大會因為自己長大了，可以當媽媽的小幫手而自豪。

教養訣竅 **你也應該重視自己，留一些時間獨處。**

教養建議

每天聽一點放鬆音樂，可以幫助身心靈恢復元氣，效果很棒。即使是幼小的寶寶，也能體諒媽咪也有想「睡覺」的時候。孩子一定會從煮蛋計時器所設定的這段時間，領會其中的含意。

兒童的周遭環境

觸發攻擊行為的原因可從多個面向來探討。其一，孩子的社交環境有變動或出現危機時，往往會透過攻擊行為發出警訊。比方說，搬家會使孩子一下子從熟悉的人事物，轉換到全然陌生的環境中。其二，在大都市成長的孩子，活動空間不足，沒辦法好好地發洩他們的精力、自由自在的活動。其三，單親家庭的數量不斷攀升，越來越多孩子缺少父愛或母愛。其四，媽媽再次投入職場，孩子就算整天見不到（爭吵不斷的）爸媽，也得過下去。以上這些因素都有可能造成孩子焦慮，而焦慮和沉重的心理負擔也會觸發孩子的攻擊行為。

父母離異

家庭變動——譬如因父母離異而失去爸爸或媽媽，會讓孩子變得十分敏感。孩子過去一向視父母為密不可分的共同體，所以不容易應付這種新狀況。他們或許目睹了父母激烈爭吵的場面，發現父母之一突然很少在家，另一個則傷心不已。父母雙方對孩子而言都具有重大意義，在年紀尚小的幼兒眼裡，父母甚至是完美的典範。在孩子的生命中，父母最重要，無論是少了爸爸還是媽媽，就等於少了一個依靠。

因此，孩子很有可能因為父母之一經常不在家，就認定他（她）很壞，而對他（她）做出攻擊行為。孩子接著會轉而將矛頭指向自己，經常對自己做出攻擊行為。這是因為關係正在破裂的父母自顧不暇，讓孩子覺得既孤單又無助。孩子無力改變這種狀況，也就是說，他的力量實在有限，只好在如此令人難以承受的家庭狀態下，頻頻用攻擊行為宣洩自己的情緒。

案例：馬可害怕失去爸爸

四歲的馬可發現爸爸突然搬出去，媽媽嚴肅又傷心地度過了一個禮拜，對這個狀況感到既生氣又失望的他，在自己身上宣洩他的不滿。媽媽常常在講電話，幾乎沒時間陪他。已經許久不曾尿床的馬可，最近開始尿床了，而且每天晚上都從睡夢中驚醒，呼喊著媽媽。媽媽雖然知道馬可的行為跟爸爸搬出去有關，但是每天晚上被吵醒，早上又發現馬可尿床，實在讓她很生氣。從心疼孩子到責罵孩子，媽媽的情緒讓馬可有如洗三溫暖。他開始咬指甲，指甲邊緣的皮膚因此傷痕累累。後來他又出現拔頭髮、咬手臂的動作，這些自傷行為終於驚動了媽媽，她趕緊帶兒子去看醫生，醫生也立刻為這對母子安排諮商輔導。可惜的是，孩子剛出現異常行為時，心煩意亂的父母之一仍陷在「當局者迷」的困境，無法及早發現。

案例分析

馬克非常害怕與不安，他巨大的壓力反映在經常尿床的生理現象上，身為獨生子的他只能藉由自傷行為來發洩情緒。以這種案例來說，母子都迫切需要諮商輔導或透過家庭諮商尋求協助。

幼兒園入學適應

對剛上幼兒園的孩子來說，生活環境等於突然有了重大轉變，很容易造成身心負荷。老師會在孩子入園的第一天、第一個星期，慢慢引導他進入新的團體，媽媽剛開始會陪著孩子，直到孩子發出「我可以自己待在這裡幾個小時沒問題，媽媽不必陪我」的信號，就可以放手了。不過，經常會發生以下狀況：孩子在班上雖然適應得很好，但只要一回到家，就會用攻擊行為來排解他壓抑在內心裡的那股緊繃情緒。幼兒園的群體生活，或純粹因為肚子餓、想睡覺等因素，都會讓孩子過於疲憊、不堪負荷。

父母應該體認到，年幼的孩子能夠在陌生的團體中待上四到六小時，其實已經非常了不起，也足以讓孩子精疲力竭。此外，孩子不免會把他在幼兒園觀察和模仿而來的新行為帶回家，想在爸媽身上用用看，當然其中也一定會有一些不受歡迎的行為。但如果孩子明顯出現強勢的攻擊行為，且持續好幾個星期，父母最好跟老師詳談。

要是你的寶貝排斥幼兒園，甚至出現消極的反抗行為，譬如用肚子痛或頭暈當藉口，就要特別留意。也許你的孩子還太小，不適合上幼兒園。假如是這種情形，最好先讓孩子留在家裡幾個星期，再讓他試試看能不能適應幼兒園。

此時若碰上弟妹出世，會讓老大非常不容易適應幼兒園。最好讓老大待在家裡幾個星期的時間，幾個月更好，直到他習慣家裡的變動為止。或許讓老大在弟妹出生前入園也是不錯的辦法。

教養建議：孩子需要時間適應變化

生活中有某些變化，不是父母可以替孩子避開的，但也有一些變化是慢慢醞釀而成，孩子有更多時間可以適應新狀況。一般而言，越年幼的孩子，越需要謹慎以對，替他做足準備以因應變化。無論是關係到弟妹出世、搬家、與父母之一分開、適應不同的照顧者（譬如保姆），還是幼兒園入學，父母應該提早幾個星期做準備。比方說跟孩子聊一聊即將發生的變動，一起看看照片等等，盡量小心並反覆地向孩子預告，讓他們知道不久後生活會出現重大轉變。

幼兒透過看電視學到攻擊行為？

不少家庭用電視照顧小孩，也把電視當做一種嗜好、休閒活動或遊戲時間。只要把調皮搗蛋的孩子放到聲光閃動的電視螢幕前，一切輕鬆搞定！為人父母壓力沈重，用這種方式為自己覓得浮生半日閒，好好做自己想做的事，這是無可厚非的。只是很遺憾，有許多幼兒看太多電視了。事實上，最好不要讓四歲以下的兒童看電視，因為孩子處理動態畫面的能力還沒發育完全，然而這種理想其實也很難實現。

每天看電視超過半小時，就會對幼兒造成傷害，但如今卻有許多三到四歲的孩子，一天至少要看一小時的電視。另外值得深思的是，即使孩子看的是卡通，內容也不免會有攻擊動作。幼兒尚無法區分卡通情節與現實世界的差別，這就是為什麼孩子如果撞到桌子，他就會說桌子「很可惡」的原因。

孩子會對他在電視上看到的所有內容產生共鳴，把它們全都當真。幼兒看完卡通之後，一定會把他的想像付諸行動，比方說有些孩子會模仿英雄或偶像，甚至仿效這些人物的攻擊性動作。

幼兒園老師就對惡名昭彰的「週一症候群」有深切體驗，因為他們普遍發現，孩子在週末看了太多電視，導致肢體活動量太少，孩子不得不藉由角色扮演，用攻擊行為來宣洩他們從電視體驗到的一切（也就是說，孩子不只是看卡通而已，他們同時也在經歷那些內容）。每天看電視的孩子，或許原本就已經有了許多挫折以及被否定的感覺，電視上的攻擊畫面可以使他重新聚集力量和勇氣，但是他的攻擊行為又會害他被其他小朋友排拒。

教養訣竅　為孩子挑選適合他們觀賞的節目。

有鑒於此，請你以吹毛求疵的態度看待媒體。跟孩子一起觀賞兒童節目，評估該節目是否適合你的孩子。另外還有一點很重要，請務必隨時針對看到的電視內容和孩子討論，並定出嚴格規定，比方說一星期只能看一到兩次的特定節目。換句話說，別把電視當做鐘點保姆，為人父母自然應該花心思陪伴孩子。

發展心理學的解釋：兒童攻擊行為的重點提要

攻擊性是人類與生俱來的行為，這是人的本能。孩子的每一種攻擊行為背後，都存在著情緒和動機，也就是所謂的起因。如果攻擊行為源自於孩子的好奇心和探索精神，就可將之視為一種正面的的生存本能。除此之外，孩子也會發現他不但可以藉助攻擊行為施展自己的支配力、接觸他人或避開他人的接觸，還能透過攻擊行為反抗父母。

然而，如果觸發攻擊行為的是恐懼、焦慮和挫折等情緒，你就必須設法找出行為背後的肇因，否則孩子的攻擊行為會變本加厲，最後一發不可收拾。攻擊性一方面具有幫助孩子達到目的的正面意義，但如果將攻擊的矛頭指向自己，就會變成具有傷害性和破壞性的行為。視個別情況而定，攻擊性有可能引發激烈的反抗，最後甚至造成身心失調。

孩子的攻擊行為究竟屬於正常的發展過程，還是值得憂心的行為，可從行為持續的時間長短、出現的頻率、不同攻擊行為的次數及孩子的年齡來推斷。攻擊行為的高峰會落在孩子四歲的時候。五到六歲的孩子已經學會用語言表達心情和需求，也能用更正面的方式來表現憤怒、生氣和悲傷等情緒。到了六歲，孩子的情緒世界趨於穩定。

假如孩子明顯出現越來越多激烈的攻擊性動作，請別猶豫，立刻尋求專家的協助，譬如洽詢教育諮詢專線。

第三章

給父母的教養建議

你已經從這本書得知不少有關孩子情緒發展的相關知識，包括他們的固執和各種攻擊行為的模式等等。現在，請你開始採取行動吧！父母的教養行為攸關孩子如何處理情緒。

檢驗自身的教養行為

「假如我的孩子很愛大哭大鬧、老是怒氣沖沖，或凡事畏畏縮縮，又甚至有自傷行為，該拿他怎麼辦才好？」為了安撫孩子或要孩子守規矩，想必你已經做了不少的努力。好言相勸、諄諄教誨、厲聲責備、大吼大叫、祭出禁足令、或甚至打屁股，這些方法你都試過了。父母本身的情緒會密切影響這些教養行為，因為行為與情緒之間會交互作用。因此，如果你平日在教養孩子時，發現有些情況越來越緊繃、衝突越來越大時，最好先自我觀察。

經常聽到有人說：「我真的搞不懂，為什麼我的小孩這麼固執，我們都已經盡量對小孩心平氣和了，難道孩子會這樣是天生的嗎？」對於孩子難搞的行為，父母當然不願意把責任歸咎在自己身上。不過，重點不在於追究誰對誰錯，而是父母有必要深入瞭解行為之間的關係，唯有如此，才能幫助孩子。

的確，批評別人用錯方法教小孩總是容易得多。假設你的女性好友或鄰居太太有什麼不如意，你一定會馬上發現，或許你還會對鄰居太太這麼容易激動感到訝異。

然而，如果是自己的孩子遇到類似狀況，父母說不定根本察覺不到，要不然就是過份樂觀地看待孩子的問題。因此，如果你認為自己的教養行為應該有所改變，又或者你想改善孩子的行為舉止，就必須對自己的作為三思而後行。

父母先觀察自己的行為

問問自己以下幾個問題：「今天過得怎麼樣？我的心情是輕鬆呢？還是焦慮？孩子很合作又聽話的時候，我會怎麼做？孩子跟我唱反調時，我又有什麼反應？我給別人什麼印象，我的另一半又是怎麼看我？」也可以跟另一半合作，共同檢討你們平日的教養作為。

你會發現，父母畢竟不是機器人，往往會有真情流露和出於本能的反應。父母照理說應當採取一致的行動和立場，而且不是只有事發當下才如此。然而，每個人都有各自的成長背景，教養態度自然也會有所不同！

不妨以好玩的心情用錄影機拍攝每天的生活狀況，晚上再和丈夫一起欣賞錄製的畫面。到了週末，如果你的丈夫能多負擔一些教養工作，他可以順便把自己跟孩子的對話錄下來。你絕對想不到，他們竟然能聊這麼多，同時你也會發現，這些對話不外乎就是要求、規勸和責備孩子。請你用幽默感來看待你的觀察所得，別去爭吵夫妻之間誰擅長教小孩、誰在亂教。親子間的對話會讓你驚喜連連，不但能啟發父母，同時又能藉此判斷自己的行為。

父母的行為背後也存在著情緒，當你感到挫折或生氣的時候，你說話的音調或用語也會受到影響。

「我現在承受哪些壓力？」

務必誠實面對這個問題：「有沒有沈重的壓力會讓我馬上火山爆發？」坦率面對自己的個性；你是否很容易對某些事情感到憂心忡忡，但是同樣的問題對於你的好友來說卻毫無影響。反過來說，你是否對某些層面容忍度很高，但你的好友卻可能嚴肅以對。這些問題的重點在於：幫助你學習認識自己。

「我有多少挫折忍受力？」

這個答案決定了你最終會如何處理日常的教養衝突。比方說面對衝突時，你的反應很淡定，又或者你會衝動地對孩子下達禁令。

「我小時候過得怎麼樣？」

「我有沒有到足夠的關愛，還是被管得很嚴？」、「在這種背景下長大成人的我，想要傳達什麼給孩子？」人在面對衝突場面的時候，往往會揭露他的舊時經驗。舉個例子來說，儘管你下定決心，絕對不要像你母親當年對你那樣大聲吼小孩，或是像你父親那樣打孩子，但最後你發現，自己也會因為陷入教養衝突而傷透腦筋，在受不了的情況下開始大吼大叫。又或者你早就忍不住打了孩子，結果從此以後你心懷愧疚，對於達不到自己的要求感到很失望？尤其以媽媽這個角色來說，對自己苛求過多，會對自己造成很大的壓力。假如你能夠意識到這一點，就等於跨出了改變的第一步。不過接下來，你還需要再問自己幾個問題。

我的教養態度為何？

我是那種凡事都要操心的父母，老是擔心孩子快不快樂？還是我認為孩子就該累積很多經驗，才會越來越堅強？我想讓孩子有更多自由，或想把孩子保護得無微不至？

過度操心會束縛孩子，反而使孩子更想掙脫這些束縛。

處罰型教養風格

凡事都有定見的父母，也會使孩子受到很大的侷限。這種「我吃的鹽比你吃過的飯多」的態度，造就出「小孩就是要聽話，沒得商量」的教養方向，結果卻讓孩子變得很拗、處處反抗，進而激怒父母。你一次又一次設法讓孩子守規矩，孩子承受了巨大壓力。重重壓力引發反作用力，導致孩子越來越固執，反應越來越強勢。在死板教養態度的助長之下，孩子的固執行為到了三歲過後不減反增。

有些父母秉持著不打不成器的觀念，這類父母比一般父母更常對孩子說「不准」，禁令也比較多，比方說他們會規定孩子不准看電視或把孩子禁足在房間裡，直到孩子恢復冷靜為止。假如孩子弄壞東西，就會被打屁股。處罰型的教養風格雖然為孩子訂出明確的界限，卻缺乏彈性空間，尤其會誘發孩子產生新的行為。並非所有孩子都會用強烈的攻擊性來因應這種教養作風，有些孩子會出現畏畏縮縮或老是提心吊膽的現象。

我在診間經常碰到一些令人錯愕的父母，他們認為「孩子非照我的意思做不可，不然他會騎到我頭上，我不贏不行」，這樣的想法竟然是用在兩歲大的孩子身上！父母顯然無視於孩子的感受或動機，才會有如此偏執又值得商榷的教養觀念。

另有一種父母，行事衝動，經不起一點刺激。他們教養孩子時不是說教就是責備，但心情好的時候則十分寵孩子。這種作風通常又可稱「胡蘿蔔加棒子」教養哲學。

教養建議

非贏不可的父母食古不化。一再退讓的父母便宜行事。這兩種教養態度皆不可取。

反權威型教養風格

你的教養態度是不是偏向「孩子還沒上幼兒園之前，應該盡量讓他做自己想做的事」？假如答案是肯定的，你一定是個非常能夠體諒及同理孩子、有些事情願意准許孩子去做的父母，但反過來說，這種態度也極有可能使你的教養較為散漫。過去這種作風被稱為反權威教養，就某方面來說，孩子會得到你全心全意的關愛，但另一方面則意味著他會有適應上的困難，無法認真看待團體生活的規則。日後當孩子必須適應幼兒園的團體生活時，他會表現出反抗心態，學校的規定也會讓他處處受挫。

教養建議

凡事都准許孩子去做會使孩子過於放縱，沒有規矩。

放縱型教養風格

你是不是那種當孩子倔強或暴怒時，會忍不住把責任歸咎於自己的父母？又或許你屬於把所有事情攬起來自己做的父母，老是告訴自己「我自己動手好了，其實也沒那麼糟糕」這類的話。凡事好商量、自由散漫的教養風格，會造成孩子把父母的話當耳邊風。你會越來越感到無助，經常哀求孩子「你愛媽咪的話，就要乖乖聽話呀」，或甚至出現更糟糕的說法：「你再這個樣子，我就不愛你了！」父母的自憐自艾不但讓孩子焦慮不安，甚至觸發他們畏畏縮縮的消極攻擊行為。

教養建議

千萬別用不愛孩子來當做威脅，這種做法會使孩子產生恐懼！

物質主義型教養風格

這種風格會產生何種效應，自然得看孩子的性情而定。比起敏感的孩子，個性堅強的孩子不容易被父母的偏差所影響。有些孩子會衝動地以攻擊行為來反應，並因此得到抒發；有些孩子則將失望與怒氣壓抑在心裡，等到承受不了的時候，就在意想不到的地方宣洩他的怒氣。

現代父母有一種以「不想做就別做」為理念的新教養風格，這種風格以父母本身的需求與愛好為重。孩子只能被父母拉著走，他的願望、對關愛的需求，顯的無關緊要。不過相對來說，孩子的物質生活倒不虞匱乏。孩子總有一天會希望得到父母的明確表態，到那時他就會出現叛逆行為。

教養建議

父母不能用禮物取代關愛。

混和型教養風格

你是不是和另一半共同討論教養風格之後，發現你們其實混用了不同的教養方式？也因此，你們對某些事情會比較嚴格，不肯輕易退讓，譬如上床睡覺或守時這類的事情。但從另一方面來說，你們也很疼孩子，尊重他們的意願與個性。在很多事情上，你們也願意偶爾妥協一下。假如這就是你的方式，很難將你歸類為某一特定類型的教養風格。

民主型教養風格是王道？

不少發展心理學和教育學方面的研究明確指出，父母雙方皆採充分理解孩子的民主型教養風格，經證實是最理想的教育方式。所謂充分理解是指，現今父母能根據孩子的年齡發展調整教養行為。換句話說，你會努力瞭解孩子的需求、動機和感受。民主則是指父母以身作則，向孩子示範社會規範，幫助他們展現受歡迎的行為，且盡可能不處罰孩子。父母定出清楚明確的界限，但是當孩子很累或生病的時候，父母會視狀況而有折衷的做法。三到四歲以上的孩子能參與父母的決定，父母也可以給孩子機會做選擇。民主型教養風格下的孩子，可以表達他的情緒，父母會予以尊重。

這種教養方式聽起來十分和諧，但唯有父母雙方都能真正體現民主教養的要義才能發揮作用。孩子的「調皮搗蛋」會牽動父母平日的教養作為，隨時都會出現讓父母意想不到的狀況，一再讓他們面對新的抉擇。無時無刻都要從容不迫地體察孩子的處境，是一種很高的要求，父母有可能因此累垮自己。你每天都會有失望的情緒，但往往沒有機會把這種感受說出口。父母若尊重孩子是個獨立的個體，比方說做父親的，就絕對有權利要求孩子尊重他的情緒；而父母也應該反過來努力尊重孩子的感受。

教養建議

尊重孩子是獨立的個體，孩子並非父母的所有物。

若能將孩子視為獨立特有的個體，你就不會傷害和侮辱孩子。「己所不欲，勿施於人。」這句話聽起來很簡單，但是民主型教養可不容易實踐。稍後的章節內容會告訴父母如何落實。

父母挫折的原因

身為父母的你，一定想成為孩子心目中最棒的爸媽，對於孩子的發展你也有一定的概念。你擔心孩子的健康、飲食和睡眠。你希望孩子平安健康地長大，然後順利融入幼兒園的團體生活。孩子日後會有怎樣的校園生涯，多半在他幼兒時期便已決定。孩子的發展如果走偏，往後將擺脫不了挫敗感。

父母放心不下

比方說你的孩子被弟弟抓傷臉頰，還滲出血來，你說不定會很激動地責備他們：「我告訴你們幾次了，不行吵架?!為什麼不聽我的話?!」你明明很心疼孩子，卻用責罵的方式宣洩你的憂心。對孩子較寬鬆且不會有太多內心糾葛的父母，在面對相同的情況時或許比較處之泰然，他們可能會對孩子說「其實還好，沒那麼嚴重。來吧，我們把傷口處理一下。下次要小心一點！」或「你們兩個不要這麼粗魯啦！」這類的話。

假如孩子不肯吃飯，就像丹妮拉的案例一樣，你馬上就擔心得不得了，因為你怕孩子這樣下去會生病。你認為孩子就應該攝取充足的營養，長得頭好壯壯。所以接下來會發生這種狀況：你緊盯著孩子的飲食狀況。孩子雖然不懂你內心的焦慮，卻能感受到你的緊迫盯人，就會想反抗你。

上幼兒園的孩子下課後回到家，嘴裡迸出一些罵人的字眼，或瞎掰故事來掩飾他的不良行為，這並非表示孩子粗野或愛說謊。這個年紀的孩子只是覺得那些禁用詞很好玩，也無法區分想像與現實的不同。

焦慮和過度操心會觸發並主宰父母的行為，憤怒與失望等情緒也有相同的效果。父母若能意識到這一點，就會經過深思熟慮才開口，也會特別注意自己的反應以及自己在孩子面前的行為。一歲前的孩子主要是經由模仿來學習事物，媽媽提心吊膽的行為他全看在眼裡，也全數吸收。同樣地，孩子也會模仿父母衝動又容易激動的行為。哪天你的孩子對著你大吼大叫時，你其實不必感到意外。

如果收拾物品和保持整潔經常成為親子衝突的來源，就要深究父母是不是過於約束孩子。當小寶貝有了好奇心、把家裡當成他探索的領域時，喜歡事事井然有序的媽媽就要開始頭痛了。書本忽然間就躺在地板上，報紙被扔得到處都是，櫥櫃裡的鍋子全被掃出來。但是孩子並非喜歡搞得一團亂，也不是故意惹你生氣，或偏要找你麻煩，他只是認為做這些事和實驗很有趣。如果你的反應很嚴厲，比方說立刻把東西放回原位或責備孩子，他會覺得受到束縛，進而抗拒你愛整潔的習性。不妨這樣想，其實「喜歡把東西清出來的階段」遲早都會過去。

你可以從旁協助孩子，向孩子示範如何重新把書放好。不過，只要孩子不破壞書本，最好還是給他一些玩樂的空間。對於三歲左右的孩子，你可以運用一些技巧，比方說利用各種顏色的箱子來收納不同物品以建立孩子的秩序感。對年幼的孩子來說，他還不懂「整理你的房間」這種實事求是的要求是什麼意思。幼兒對秩序的理解跟成人完全不同！如果你能身體力行，向孩子示範何謂秩序，相信孩子日後也能遵循一定的秩序原則。

父母的強迫

如廁訓練：

值得慶幸的是，現今對於訓練幼兒自行如廁（兩歲必須完全戒尿布）的方式已大有改觀。以前的做法是，幼兒才一歲大，就必須讓他坐在便盆上，直到成功大小便為止。現在的觀念則認為強迫孩子並沒有任何意義，因為幼兒最早約在兩到三歲之間，才有能力坐便盆自行大小便。過去流行的強迫式如廁訓練實在值得商榷，父母別用這種做法苛求孩子。

✪ 睡覺時間：

「孩子必須晚上七點準時上床」的觀念已經過時。孩子會慢慢形成自己的睡眠節律，而且對於睡眠的需求也因人而異。有些孩子，一大清早就精神奕奕，到了晚上七、八點已昏昏欲睡。也有孩子每天早上會睡長長的回籠覺，夜裡到了很晚還生龍活虎。由此可見，絕對不要在睡眠這種事情上強迫孩子。最理想的做法是，讓小寶貝習慣某種睡前儀式，這種儀式能發揮過渡效果，幫助清醒的孩子入睡。另外要注意的是，父母的行為往往會妨礙幼兒入睡。

教養建議

自行如廁和睡眠都強迫不來。

越是想強逼和束縛孩子，越會用高壓方式教養孩子。一旦碰上孩子頑強抵抗，你就會頓時感到無力。請多給孩子一些空間，讓他自己去體驗，他會自己找到戒尿布、自行入睡或斷奶的時機。

父母自身的情緒

無力感會引起害怕、失望或生氣等情緒。父母最好坦然說出自己的感受，不要責罵孩子或強逼孩子就範。父母往往會在無可奈何之下打小孩，倒不如向孩子表明你的不滿或怒氣，孩子善於察言觀色，可以探測你的想法和心情，他也會體認到，你並非討厭他，只是氣他的某個行為而已。這樣一來，孩子會把你焦慮、惱怒或無奈的表情歸因於他的行為，不會因此感到沒有安全感。

當你對孩子敞開心胸，不必擔心孩子會藉此利用你，孩子並沒有這種心眼。兩歲到四歲之間的孩子，已經開始在學習體諒和尊重旁人的情緒。人只要把自己的感受說出來，多半會覺得舒坦許多。你之所以焦躁或無助，未必跟孩子的行為有關，或許另有原因。所以，如果你對孩子說「親愛的，我今天很難過，但不是因為你」這類的話，他也一定能夠理解。

教養建議

請你坦然以對，把感受告訴孩子和另一半。

孩子笨手笨腳是否讓你很火大？別責罵孩子，不妨告訴他「我現在很生氣，因為你……」，用這種方式可以避免傷孩子的心。假設孩子打翻杯子，弄濕地板，你卻對他說「你怎麼這麼笨，為什麼不小心一點！」，孩子聽了你的話可能會難過得哭泣，也會覺得自己很糟糕。但如果你說「我很生氣，因為你跑來跑去，才會打翻杯子，我現在要再擦一次地板了」，儘管你還是責備了孩子，卻能把你的情緒和孩子的行為劃分清楚。

父母不只該把負面情緒說出來，也要經常向孩子表達正面情緒，譬如對孩子說有他真好、很愛他等等。越常對孩子展露你的真情，他會回饋你越多正面情緒。有機會不妨觀察一下你的孩子跟其他小朋友玩扮家家酒的情況，或是他跟玩偶說話的過程，你一定想不到，孩子竟然能把父母模仿得惟妙惟肖。

教養建議

俗話說：「種瓜得瓜，種豆得豆。」

要是你在盛怒之下罵了孩子，應該好好跟孩子道歉，告訴他你這樣對他並不恰當。當父母這麼做的時候，就是在以身作則，讓孩子瞭解有時未必能妥善處理所有事情，但是有機會可以彌補道歉。請你忠於自己，坦率面對自己的個性，尊重自己，也承認自己偶爾也會有壞情緒，需要休息充電。另外也要學習判斷自己的界限。別任意對孩子發脾氣，這會害孩子喪失信心、對他的行為產生不良影響。倘若有需要，應盡快尋求專業協助。

認識教養ＡＢＣ：究竟什麼是教養？

現在，你已經檢驗過自己的教養態度，也瞭解自己平日與孩子相處時的感受與動機。你希望維持民主型教養風格，這種作風可促進孩子與父母的正面行為。不過，究竟什麼是教養？什麼時候適合進行教養？所謂教養，與學習及行為大有關係，打從孩子出生那一刻起，天天都會出現教養這種事，因為我們「隨時隨地都在產生行為」。

寶寶一發出信號，父母就會有所反應。不是只有孩子需要從頭學習跟經驗、重複及模仿有關的一切，大人也不能置身事外。孩子從六個月開始，會越來越常因為父母用特定行為肯定他而覺得開心（譬如父母對孩子說「你做得很棒」）或感到被否定（比方說「不行！不要把花盆裡的泥土倒出來，快裝回去」）。

這種學習方式也稱為「社會學習」。由此可見，教養與學習有密切關係，因為人會忘記學過的行為！教養就是指根據孩子的年齡教導他哪些是受歡迎的行為，哪些又是應盡可能避免養成習慣的不受歡迎行為。

行為與行為之間會相互影響，且每個行為都有起點或觸發點（A）。孩子的行為（B）會引發其他行為，即教養者的回應（C）。

教養也意味著教導孩子明白家規，並予以輔助，使他可以透過學到的社會行為逐漸適應家庭生活，日後在幼兒園也能習慣與其他小朋友相處。接下來介紹一些學習心理學方面的知識，幫助你深入瞭解「教養」要達成的目標。

每一種行為都要經過學習

日常的行為模式，譬如說話、吃飯、自己穿衣服、上床睡覺、玩耍等等，大多是在孩子一歲時開始學習。換句話說，人平常所使用的各種行為，多半是靠學習而來（並非像某些反射行為或個性差異那樣天生就存在），而且會持續不斷地學習。身為父母的你，會設法從旁協助孩子練習新的行為（譬如自己穿衣服），或加強所學到的受歡迎行為，譬如常說請和謝謝。你會經常讚美孩子，向孩子表達你的肯定，比方說告訴孩子「你做得很棒」。孩子的應對方式不受歡迎或出現令人反感的行為時，你會對他搖搖頭或對他說不可以。

教養建議

教養就是指教導孩子哪些是社會可接受的行為，哪些是不受歡迎行為。

然而，孩子未必願意按照父母的意願行動。他們或許會百般抵抗、邊吼邊穿衣服，收到東西時很少說謝謝，也或許堅決不肯說「請」。父母必須繼續努力戒除孩子不受歡迎的行為，幫助他們「忘掉」那些不好的行為。因此，教養也意味著終其一生不斷地改善行為，直到受歡迎的行為成為常態，或不受歡迎的行為極少出現為止。

比起十三歲的孩子，三歲幼兒肯定需要父母投入非常多的時間與耐性。幼兒尚需父母隨時隨地支援，在父母前後一致的教養行為中耳濡目染，而十三歲的孩子則已經有了許多內化規則，會設法要求父母與他一起商量。換句話說，這個年紀的孩子會表現出青春期特有的固執和攻擊行為，企圖藉此脫離和打破父母的規定。

幼兒首先需要父母的規定和禁令做為依歸，也就是說，他需要界限才能不斷地學會各種合宜的行為。儘管如此，父母應該讓親子雙方都能清楚瞭解到，隨著孩子年齡的增長，父母會設下哪些不同的教養目標，孩子有哪些受歡迎（恰當）的行為，又有哪些不受歡迎（不當）行為，原因何在。有鑒於此，清楚描述孩子的行為至關重要。

描述孩子的行為

大人憑一句話就把孩子貼上標籤，這種事並不少見，譬如大人會說「茱莉亞好鬥」、「馬可很難搞」、「艾莎很頑固」、「安妮沒禮貌」等等。父母也常把「有其父必有其子」掛在嘴邊，而祖父母如果看到父親快爆發或母親開始大小聲的時候，他們多半會說「龍生龍，鳳生鳳，老鼠生的兒子會打洞」。「好鬥」、「不乖」、「調皮」這些標籤武斷地將孩子的行為一概而論。

被貼上標籤的孩子，他的負面特質和個性成了一切的肇因。茱莉亞就是這麼固執、不聽話又愛哭……然而父母卻忽略了孩子的行為總是跟特定情況、特定年齡、特定的人、教養目標有關。接下來的案例會闡明箇中道理。

案例：安妮「沒禮貌」

三歲的安妮跟著爸媽到一對長輩夫婦家拜訪，一家三口首次受邀到他們家作客。由於那對夫妻沒有孩子，所以安妮的媽媽一路上對安妮耳提面命，要她「乖乖聽話」，「跟人家握手」（要用右手），也要說「您好」，收下禮物時記得說「謝謝」。安妮越來越沈默，一點也高興不起來。

結果抵達目的地之後，安妮非但沒有跟人家握手，嘴巴還閉得緊緊的，低頭看著地板，一句話也不說（「倔強」行為）。媽媽很不好意思地說：「安妮平常很乖，這麼沒禮貌的樣子真不像我女兒。」長輩笑瞇瞇的揮揮手說：「她畢竟還小呀，也不認識我們。」安妮真的不乖嗎？

案例分析

這種新狀況對安妮來說很陌生，才三歲大的她無法滿足媽媽的期望——也就是「安妮應該要很乖才對」的教養目標。安妮因為突然覺得有點害怕，才會「卡住」，沒辦法跟陌生人握手，也沒辦法跟向他們問好。在熟悉的情境下則不然，比方說到爺爺奶奶家時，安妮就表現得非常大方。媽媽製造的壓力和陌生的環境阻礙了安妮，使她無法做出有禮貌的行為。

如果孩子在突然間像變了個人似的，行為舉止迥異於以往或出現不受歡迎行為，父母最好先觀察自己的行為，因為一個人的行為往往會跟他的想法和情緒相互影響。父母的期望過高，會讓孩子焦躁不安。

案例：馬可「很衝」

請你回想一下馬可的案例。父母離異讓馬可非常難受，他在幼兒園出現令人反感的行為，大家都認為他很衝。直到老師設法探尋他行為背後的原因，並且跟馬可的媽媽懇談過後，才發現原來這個孩子因為父母離異，心裡非常痛苦，造成他逐漸退縮，甚至傷害自己。

案例分析

有了這一層瞭解，老師開始用不一樣的角度看待馬可的不良行為（打人、咬人、踢人）。她現在可以充分體諒馬可的心情，對於他的痛苦與絕望也感同身受。首先，馬可必須重新學習信任周遭的人，接著他需要別人幫他一把，指導他如何用溫和的方式接觸其他小朋友。

當孩子的行為不符合大人期待，尤其是他們無所不用其極想達到自己的目的，或做出無禮的舉動時，很容易被認定個性不好。這實在有失公允，因為這些攻擊行為只是孩子在特定情境下被觸發的行為模式，絕對跟孩子本身的性格特徵無關。假如父母現在盡可能鉅細靡遺地描述孩子的異常舉止，就會從中發現，在看似負面的表徵背後，其實隱藏著一連串具體，也就是「特有」的行為模式。

所以你可以看到，安娜與茱莉亞固執的方式不同，馬克斯的攻擊行為也與馬可不同。最重要的是，父母也要認清並非孩子本身很愛攻擊別人或自己，他只有在特殊情況下才會出現這樣的行為。

另外要留意的是，孩子的反應會因人而異。孩子對媽媽也許會比較放肆或頑皮，可能要媽媽叫三次才聽得到。對於較少見到面、最親愛的爸爸，孩子馬上就乖乖聽話，讓身為媽媽的你頗為吃味。如果你不斷地告誡孩子「不要這麼壞」、「不要這麼倔強」、「不要這麼衝」，把這些話當作「教養措施」，也無法幫你改善情況，因為這些評語對親子雙方來說都不夠具體。當你認為孩子的行為很糟糕或太頑固時，先仔細觀察孩子的一舉一動。

舉茱莉亞的例子來說。她在亂丟沙子，媽媽可以對她說：「茱莉亞，別再丟沙子了。」用這種方式表達，茱莉亞就懂媽媽的意思了。

年幼的孩子也善於對父母察言觀色，他們往往會碰到自己某個行為有時害他們被責備，但有時卻又能得到讚美的情形。換句話說，大人會隨著狀況、時機和教養目標而有不同的反應。

假如孩子因為你把他手中的CD拿走而百般抗拒，這就表示他很可惡嗎？如果他在兒童遊戲場因為其他小朋友拿走他的鏟子，而大動作的捍衛自己的權益，這就表示他做得很棒又勇敢嗎？

孩子尚無法瞭解父母反應不一致的箇中緣由，再加上得不到父母的說明解釋，他們便以為父母很專制，而這又有可能進一步觸發孩子的固執與攻擊行為。

教養建議

改善行為的第一步，就是將孩子的負面特性轉述成特定行為，向孩子說明哪些行為為不受歡迎。

請回頭再看一次安娜和茱莉亞的案例，找出這兩個孩子實際上做了哪些事、說了哪些話。

✪「固執」的安娜：

- 安娜平常都可以自己穿衣服，今天卻不行，所以她說：「不要，不要」。
- 安娜跑走。
- 安娜雙手抱胸，不讓媽媽替她穿毛衣。

✽安娜撲倒在地。

✽安娜亂踢亂踹。

✽安娜踢了媽媽。

✽安娜尖叫：「我要自己穿。」

從本案例可得知，在安娜「固執」（不具體）特質的背後，有八個值得注意又可加以描述的行為。描述孩子的行為時，最好不要帶有任何評斷，因為評斷行為會使父母陷入主觀，同時也會被父母本身的情緒及孩子的意圖和動機所影響。

✪「愛攻擊人」的茱莉亞，茱莉亞出現哪些行為？

✽茱莉亞爬到海格身邊。

✽茱莉亞用小鏟子敲她的頭。

✽茱莉亞被媽媽打了屁股，鬼吼鬼叫。

✽茱莉亞撲倒在沙坑裡。

在茱莉亞的「攻擊」特質背後，有四個可描述的行為，且沒有挾帶任何評斷。是否該認定孩子「愛攻擊人」，可以從行為出現的頻率來判斷。如果孩子只是偶爾出現一次異常行為，就不能算有攻擊傾向。但假使孩子每天都出現好幾次「打人」的行為，讓你完全不敢再帶他到兒童遊戲場去，就可以認定孩子確實有較強的攻擊性。

無論如何，請先仔細觀察孩子在沙坑玩耍的情形。當你發現他有攻擊別人的傾向時，他出現哪些具體行為？唯有找到新發現，才能讓你有效改善孩子的「打人」行為。

觀察孩子的行為

假如父母想改善孩子的不當（不受歡迎）行為，就必須先仔細觀察孩子，因為你不可能在一夕之間就解決孩子的特定攻擊行為。孩子之所以有攻擊行為，可能肇因於各種不同的行為。也許你軟硬兼施試了很多辦法，卻沒有明顯改善，因為你最後都是不了了之。但如果能試著具體描述孩子的不當行為，你就可以找出目前的癥結點在哪裡、你想優先改善孩子哪些攻擊行為。

譬如對茱莉亞的母親來說，眼前最重要的事情就是不能讓女兒打其他小朋友。至於安娜的母親，則是希望女兒別再踢人或打人。有了目標之後，你就會從完全不同的角度來觀察孩子，也能恰到好處地運用你找到的新發現。

現在，你已經成功跨出第一步，可以不帶任何評斷，「具體」描述孩子行為。

接下來請邁向第二步：你想改善攻擊行為，就要利用行為歷程記錄來觀察孩子。請回答下列幾個問題：

✪必問的四個問題

①時間

✾何時出現該行為？（譬如打人）

✾是否發生於特定情況？（比方說在其他小朋友到家裡作客的時候）

✾是否發生於特定時間點？（比方說在孩子特別累的時候）

✾是否有特定觸發點？（比方說當母親對孩子有所要求時）

②地點

✽在哪裡出現該行為？（譬如家裡、兒童遊戲場、幼兒園、跟特定對象在一起時）

③頻率

✽該行為多久發生一次？（一天好幾次、一星期一次、一個月一次）

✽行為持續的時間有多長（一分鐘、十分鐘）

④原因

✽為什麼會出現該行為？（行為背後有哪些原因、動機、目標？）

也許你認為上述問題過於吹毛求疵，但你會發現透過這種方式，你可以獲得另一番見解。當你連續幾天觀察孩子的某些行為，計算行為發生的次數，或記錄行為持續的時間（比方說孩子尖叫了多久），在這個過程當中你是以觀察者的角度來看待孩子的不受歡迎行為。你的立場會變得比較超然，同時你也會發現，孩子可能沒有你想的那麼常打人，平常也都能跟其他小朋友玩在一起。你或許也觀察到，他只有在家裡為了捍衛自己的地盤，才會出手打人。說不定你還注意到，孩子其實只尖叫兩分鐘而已，並沒有叫到「一小時」，不過這種情形一天下來會發生好幾次。

在這之前，你之所以受不了孩子尖叫，是因為你覺得孩子的叫聲彷彿持續非常久。經過仔細觀察之後，你也許會發現，當爸媽火大又不耐煩或孩子累過頭的時候，孩子才會頻繁出現固執行為。你也會突然驚覺，自己常常整天都在對小孩說「不行」，還經常大聲責備孩子。

透過觀察行為，尤其能夠讓你更加客觀地描述事件，深入洞察孩子與父母在行為上的連動關係。

教養建議：觀察父母自身的行為

在日常教養中，改善行為的第二步就是要先觀察。父母之間可以相互觀察對方在孩子面前的行為。在此同時，也請你試著不帶任何評斷地描述彼此的行為，譬如別對另一半說「你比我更遷就孩子或對孩子更嚴」這種話，應該說：「你說了三次不行，然後把小鏟子拿走」或「你馬上抓住了孩子的手（這樣孩子就不能打人）。」

一個人身為教養者這個角色時，尤其是面對衝突場面的時候，往往看不清自己，也不知道自己說過什麼話，反而只注意到孩子的一言一行。因此，如果能夠從他人的口中得到寶貴意見，瞭解自己在實際與孩子相處時的模樣，會有很大的助益。有不少父母就是看到了另一個人眼中的自己，才恍然大悟。不妨用攝影機每天記錄某些狀況的發展，譬如一起用餐或晚上刷牙的時候。

觀察孩子玩扮家家酒的情形也是很好的切入點，尤其是好幾個小朋友演

「爸爸、媽媽和小孩」的時候。你一定會大吃一驚，孩子竟然能把你的聲調、用語和表情模仿得惟妙惟肖！另外，檢討衝突狀況，也有益於父母更加瞭解自己的言語行為。

不受歡迎行為的觸發點（A）

引發孩子出現不受歡迎行為的原因有很多。某些特定情況有利於孩子做出受歡迎的行為，當然也有一些狀況不利於孩子的行為發展。比方說，父母在時間緊迫的情況下要求孩子做到某些事，這就是不利狀況。平常你可以冷靜地請孩子自己穿脫衣服，但現在孩子感受到壓力，就會表現不同於以往的行為。時間的安排也會影響行為表現。譬如媽媽是否在孩子睡前先陪他玩一會兒，然後準時在七點鐘讓他上床睡覺，還是時間一到就突然命令他「現在七點了，快去睡覺。」孩子如果一大早就起床，累不累也會成為影響他行為的一大關鍵。

觸發點也有可能是某個特定的對象。孩子在父母面前的樣子，也許跟奶奶或幼兒園老師看到的不同。母親可能覺得孩子只有跟她在一起時才會出現固執行為，或者只在她面前表現出好鬥的樣子。其實孩子的表現都是一時的，這陣子比較聽媽媽的話，過一陣子又是爸爸的乖小孩，藉此跟父母另一方作對。要是看到父母抱在一起，孩子可能會擠到他們中間，吃醋地說：「這是我媽媽！」或「這是我爸爸！」，然後把另外一方推開。請別以為孩子是故意衝著你來。

父母與孩子的每一個行為背後，都有特定的目標與動機（請參閱「父母先觀察自己的行為」）。假如你希望孩子七點鐘上床睡覺，想必有「我的孩子應該習慣準時上床、有充足的睡眠才行」的教養目標。然而你的孩子也有他的目標和動機，也許此時此刻他還想跟你多玩一會兒，或壓根就不想睡覺，因為家裡還有這麼多好玩的事。孩子覺得盯著父母看都比上床睡覺有趣多了。

平常會發生的教養衝突，大多是目標相互抵觸所致。比方說幼兒園老師和父母，他們有自己特定的教養目標，然而這些目標卻與孩子的目標或動機完全對立，但是孩子又必須也應該學習接受父母設定的目標與界限，結果導致教養衝突一再發生，一如先前針對安娜的固執行為與茱莉亞的攻擊行為所描述的那樣。正是這些目標衝突造成了親子雙方在日常生活中的失望與挫折。

利用行為歷程記錄（B／C）

安娜的母親希望女兒合作，尤其是時間緊迫的時候。這位母親自我觀察過後發現，自己在時間很趕的情況下容易緊張，寧可自己做好所有事情。她雖然想充分體諒安娜，以民主方式來教養女兒，最後卻常常在女兒大哭大鬧時打她屁股。每次打完女兒，她的心情便跌落谷底。安娜的母親小時候就是在嚴格的體罰式管教下長大的，所以她和丈夫有共識，絕對不打女兒。然而安娜的固執讓母親越來越失控，她原有的教養信念都付諸流水。

該怎麼做才能改善這種狀況？安娜的母親決定把母女上一次的衝突事件寫成歷程記錄（請參閱ＡＢＣ歷程記錄表）。

利用歷程記錄

仔細分析這份歷程記錄，你會發現，安娜和母親的行為是彼此相互煽動的結果。這種現象即學習心理學所稱的「行為鎖鍊」，意指某個行為引發另一個行為，像打乒乓球一樣。你是否還注意到其他狀況？從記錄裡可以知道，行為鎖鍊在母親打女兒的屁股後結束。也就是說，安娜被打了屁股之後才肯讓步，讓媽媽替她穿好衣服。

大人在教養過程中往往會有一種就算對孩子很有耐心、跟他們講道理，也未必能讓事情有所進展的感受，但只要罵一罵孩子或打他們屁股，他們就會乖乖聽話了。再看一次歷程記錄，你會發覺雖然安娜的母親最後達成幫女兒穿衣服的目的，卻歷經了一長串的行為鎖鍊，過程中還出現了許多不受歡迎的行為（包括跑走、尖叫、踢人等等）。這場教養衝突在打屁股這個動作出現後告終。女兒的確退讓了，然而卻是在違背母親的信念下達成的結果。安娜的母親現階段的目標是及早中斷這條行為鎖鍊，不用打女兒屁股也能解決問題，同時她也提醒自己要多注意回應女兒的方式。

假如你想改善孩子的行為，也必須仔細觀察自己的行為。也許你覺得很訝異，明明是孩子出現固執行為、有攻擊性或不聽話，是他們的行為必須改善，為何現在卻變成你的一舉一動要被放大檢視。可是等你仔細觀察自己的行為後，你就會發現，你對孩子的不受歡迎行為太過於關注。當你一再批評孩子「不准碰」、「不要再叫了」、「坐要有坐相」、「不要打別的小朋友」時，你本身也出現了許多指責、警告和怒罵等行為……孩子會發現他的某個行為，也就是你想阻止和改變的行為，經常受到你的關注。結果你會反覆碰到這個問題：警告孩子越多，效果越差。為何如此？教養真有這麼難？還是說，關注不受歡迎行為也許只會使行為本身更牢不可破？為了釐清這些問題，必須先瞭解一些重要的學習心理學概念。

ABC歷程記錄表

A觸發點	B孩子的行為	C母親／教養者的行為
媽媽趕著要去看牙醫，不能遲到。	孩子大叫：「不要，不要，安娜要自己穿。」	「安娜，我幫你穿才可以快點出門。」
媽媽的目標：我今天幫安娜穿衣服會比較快。	安娜雙手抱胸。	媽媽用懇求的眼光望著安娜。
孩子的目標：我想自己穿衣服。	安娜跑掉了。	媽媽去追安娜，把她抓住。

安娜可以自己穿衣服。

安娜撲倒在地。	媽媽彎身要把孩子拉起來。
她兩條腿用力亂踢。	媽媽往後退開。
她踢到媽媽。	媽媽瞪著安娜。
她尖叫著說：「不要，不要，我要自己穿。」	媽媽抓住孩子的雙手。她說：「安娜，停！不要再鬧了，我不幫你不行。」
安娜大聲尖叫。	（提高音量）「不要這麼倔強。」
安娜繼續尖叫。	媽媽打了安娜的屁股。
安娜啜泣，動也不動。	媽媽把安娜拉起來，幫她穿衣服。

行為與關注的關係

孩子為何出現某種行為，又不應該有哪些行為，這當中的奧秘如今已得以一窺。身為教養者的你，其實過份關注在那些你通常不樂見的行為（不受歡迎行為）上。這種關注可能來自於你的**眼神**（質問的眼光）、**表情**（生氣時眉頭深鎖）、**手勢**（用手指著孩子）、**姿態**（雙手插腰），以及一些**舉止**，譬如你說話的方式（嘮叨、警告、責罵）等等。父母的這些反應，使孩子的不受歡迎行為得到特別的重視。

但是等孩子的行為恢復「正常」之後，你卻只在心裡想「謝天謝地，孩子脾氣鬧完了」或「他現在總算肯穿衣服了」。因為你認為孩子這些受歡迎行為是天經地義，所以你不會特別重視，也不認為有什麼值得一提。這種反應其實大錯特錯，父母之所以會掉入教養陷阱，原因也在於此！警告、指責、怒罵、批評或給孩子很差的分數，都會使孩子的各種不受歡迎的行為得到極大的關注。這些舉動的背後大多存在著「吃東西不要這麼大聲」、「你實在很髒」、「你為什麼不照我意思做？」、「你真是個討厭鬼」的意思。這些話聽起來很耳熟嗎？你的另一半是不是常說？相對而言，孩子的正面行為所得到的關注卻很少。衝突便是由此產生，但父母卻又經常不明究理。過多批評會使親子都感到挫折，並引發對立。如果你反過來多多讚美孩子的行為，一定能產生意想不到的效果，孩子不但會變得更合作，也會表現出更多正面行為。

關注會強化行為

教養的意義在於改造行為，透過關注來引導孩子。假如以正向方式來投入你的關注，可收強化及塑造良好行為之效，或有助於孩子學習新行為。但是反過來說，關注也有可能不利於孩子的行為表現。關注究竟對孩子是否有利，主要還是取決於它的性質，即它屬於正面關注還是負面關注，另外也要視行為而定，也就是你關注的是受歡迎行為或不受歡迎行為。

教養建議

關注（強化）可使行為不脫軌。

負面關注

父母在平日在教養孩子時，往往會使用負面關注的做法，尤其是當孩子年紀漸長，越來越抗拒父母的要求時。你會突然發現，叫一次沒用，一定要喊好幾次孩子才會理你。你得不斷地敦促孩子做事情；或事情不順利，你就開始罵小孩。又或者你總忍不住拿自己的孩子跟鄰居的孩子比來比去。

威脅是另一種負面關注，譬如父母會說「如果你不馬上停止亂發脾氣，我就……」你可能也會責備孩子這麼不聽話。當你無計可施的時候，還會打你家討厭鬼的手心或屁股。還是你根本沒打過孩子？也從來沒有對孩子負面關注？如果你確實做到了這些，真的很了不起！不過請想想，負面關注經常隨著你的言語、聲調和表情出現。也就是說，你原本想改善孩子的不受歡迎行為，但你卻在不知不覺中更加強化了那些行為，結果導致行為頻繁出現，最後得靠更強大的負面關注（大吼或處罰）才能中斷行為（請參閱的行為歷程記錄。

教養建議

負面關注會使不受歡迎的行為更加根深蒂固。

正面關注

也許你想採用正面關注的做法，但不得其門而入。其實適合正面關注的切入點很多。比方説，你可以和藹地望著孩子，對他微笑、點點頭，或傾聽他説話，你也可以説「你做得到」、「再試一次看看」這些話來鼓勵他。摸摸孩子的頭，親他一下，把他抱在你的懷裡，在孩子身邊跪下來或坐下來（讓你們的視線平行），也大有用處。另外，保持眼神接觸、多讚美孩子、預告會得到獎賞、一起從事活動或玩耍、念故事給孩子聽、發明浴室刷牙遊戲遊戲等等，都是效果不錯的做法。

教養建議

正面關注有助於維持受歡迎的行為，使該行為成為習慣。

說實在的，你一天當中正面關注孩子幾次，負面關注幾次呢？或許你會想：「如果孩子整天都倔強得不得了，或常常對我發脾氣，我該怎麼做才能給他正面關注呢？」

經過自我觀察後，想必你也會發現，即便是性子最急躁和最叛逆的人都有可愛的一面。因此，多多磨練你的洞察力，找出孩子的受歡迎行為和給予正面關注的機會。

教養建議

找出孩子的受歡迎行為，用正面的反應來強化該行為。

別太執著於孩子的不受歡迎行為，尤其要避免以負面關注強化該行為。如此一來，負面行為的發生次數便可逐漸減少。做法很簡單，卻很管用！請你試試看，用溫和又正面的態度來關注旁人，他們會回饋你更多正面行為！

別放大檢視不受歡迎行為

第三種影響行為的方式就是別放大檢視特定行為（譬如罵人字眼）。請你務必這麼想：惡毒的是那些字眼，並非孩子本身！只要這些特定行為得不到強化，慢慢就會因為失去表現的舞台而瓦解。不關注的意思是指，當孩子出現這些行為時，不要接觸他的眼神，你的表情要淡定（即使孩子說了五次「混蛋」），也別再多說（譬如孩子第五次求你給他吃巧克力，你也再次明確告訴他吃飯前不能吃巧克力的時候）。

孩子一旦發現他再也沒辦法激怒你或讓你心軟，就會停止這些行為。因為這些行為一點效果也沒有，久而久之他就覺得做這些事很無聊。不關注有助於父母保持一致的反應。換句話說，如果你關注的話，有可能在孩子求你五次之後，你就退讓並對他說「好啦討厭鬼，就只能吃一塊巧克力，別再吵了」，孩子就會從中學到「我只要糾纏得夠久，媽咪就會聽我的」這樣的想法。下一次又發生這種狀況時，你一定以為孩子怎麼還是這麼頑固，這是因為他已經體驗到，頑固可以讓他達到目的。

對此你應該要有心理準備，知道孩子為了達到目的會先增強他的行為。但如果你一開始就能保持一致的反應，孩子一旦發現你是認真的，便會停止他的行為。

教養建議

別放大檢視不受歡迎行為，孩子久而久之就會停止該行為。

不關注並非置之不理

可別把「不關注」跟「置之不理」混為一談！置之不理是指對孩子不理不睬，有一段時間不想看到他。孩子會因此認為大人不愛他了，像「走開，我不想看到你」這種話會就讓孩子焦慮不安。當孩子覺得自己被拒絕，有可能會觸發他害怕和無助的感受，或引爆他的怒氣，端視孩子的性情和年紀而定。對孩子來說，世界上最糟糕的事情莫過於擔心父母不愛他。比起在盛怒之下打孩子，「你再這樣媽咪就不愛你」這種話對孩子的心靈傷害更大，所以請你千萬別說這類的話。建議你這麼說：「現在我很生氣，因為你對我大吼大叫，還踢了我。我很抱歉打你屁股。」用這種方式說明，孩子就能充分理解媽媽生氣的原因。倘若你收回對孩子的愛，會讓孩子焦躁又難過。父母若經常以「置之不理」做為教養措施，很容易使孩子出現逆來順受、沒有安全感的行為。孩子有可能用破壞性的行為來表現他的不幸，致使負面行為陷入惡行循環。

教養建議

父母的關注與不關注反應，必須以能夠描述的顯著行為為準，不可針對孩子的人格。父母在回應時，應該從表情和肢體動作上明確反映出對孩子的愛或怒氣，孩子才能真正明白父母的意思。

另外也要觀察孩子的表情和肢體動作，設法瞭解並呼應隱藏在孩子行為背後的感受和動機，這麼做不但可以使你堅定立場，也有助於你幫孩子盡快從負面的行為鎖鍊中脫身，讓你又能重新給予孩子正面關注。

舉個例子來說，媽媽可以對孩子說：「我看得出來你很失望，不過我希望你吃飯前別再吃甜食，但是飯後你可以吃一塊。現在先幫我擺餐具吧！」孩子聽了之後，雖然知道自己現在不能吃巧克力，但是他會感受到媽媽瞭解他的心情，就不必用大吼大叫或不斷的糾纏乞求來表達他的失望，況且母親的提議也不錯：吃完飯後可以吃一塊巧克力。除此之外，媽媽還分派孩子一個小任務，請他幫忙擺餐具（用正面方式轉移孩子的注意力）。

運用行為歷程記錄

想必你已經充分瞭解，想要改善教養行為之前，必須先自我觀察的原因——你對待孩子的一舉一動，都會對孩子的行為產生影響。請再看一次安娜這個案例的行為歷程記錄。安娜的母親希望在趕時間的情況下，安娜可以充分合作，但是她沒有達成這個目標。她必須再檢討一次行為歷程記錄，根據以下幾個問題的角度來評估孩子的行為與自身的反應：

關注會強化行為

我究竟強化了孩子的哪些行為？是受歡迎行為還是不受歡迎行為？我如何關注孩子？我用正面或負面關注強化行為？安娜的母親從行為歷程記錄裡

清楚體認到，她多半用負面關注來因應女兒的不受歡迎行為。因此，今後孩子只要出現需要改善的行為，她會特別提醒自己別再去強化孩子的不受歡迎行為（譬如尖叫、打人、踢人）。另外，她本身也要做一些調整，別老是匆匆忙忙，使自己心情緊張又變得很沒耐性。但如果已經出師不利，就像案例裡提到的情形一樣，又該如何扭轉情勢，讓安娜心悅臣服呢？安娜的母親決定，以後若要帶安娜出門，寧可提前預作準備。安娜還沒有時間概念，也不會看錶，母親必須設法引導安娜配合行動。既然安娜已經會自己穿衣服，母親便用正面的方式來強化女兒自己穿衣服的行為。情況改善後，母女間的衝突場景會轉變成這樣：

母親：「安娜，我知道你可以自己穿衣服，而且做得很棒，媽媽為你感到驕傲。今天我們要去看醫生，所以不像以前一樣有很充足的時間，我希望我們別再吵架了。我把一個大鬧鐘放在你這裡，這個指針走到九點的時候（母親指九點的位置給安娜看），我們都要把衣服穿好。你先自己穿，媽媽再幫你穿吊帶褲好嗎？」安娜點點頭，望著母親。

母親：「你想不想讓貓咪一起去看醫生？」

安娜又點點頭，對母親露出笑容。

母親：「看完醫生我們再去買蝴蝶麵包。」

安娜：「還可以買冰淇淋嗎，媽咪？」

母親笑著說：「到時候再看看，現在要趕快穿衣服嘍。」安娜把一隻腳抬起來穿內褲。媽媽說：「太棒了，你已經開始穿衣服了，我也要快點穿，跟你一起穿好衣服。」

在上述場面中，有哪些地方與先前的衝突大不相同？安娜的母親想到辦法，用正面關注面對孩子的受歡迎行為。接著她清楚地提醒安娜時間，用鬧鐘讓孩子一目了然。此外，她又把穿衣服這個指令跟「你先自己穿」這個具有正面意義的支援提議結合在一起。這個提議顯示母親等一下會協助女兒穿衣服，讓女兒有心理準備。也就是說，她不會有媽媽「突然介入」幫她穿衣服的感覺。

女兒願意合作，母親給她獎勵讓她開心（帶貓咪一起去、買蝴蝶麵包）。母親決定陪在安娜身邊，跟她一起穿好衣服，一來可以隨時留意安娜的狀況，再來又能和藹地提醒安娜注意鬧鐘上的指針。同時她也可以在必要的時候，幫孩子一點小忙（譬如提醒女兒「還要扣好鈕釦」、「接下來要穿毛衣」），隨時鼓勵女兒，強化她的行為：「太棒了，安娜，你做得很好。」安娜說不定會更樂於配合媽媽，也更願意表現自己可以做得很棒。

現在整個氣氛變得很輕鬆，安娜不再有壓力，母親又陪著她——母親邊留意女兒的狀況，邊跟她聊天。安娜覺得自己很重要，也得到肯定，所以變得更合作。

結論：先從自己開始

在各種瑣碎的日常教養衝突當中，所涉及的狀況、孩子和父母親都大不相同，再加上行為背後又存在著各種情緒、動機和目標，因此沒有一套完備的因應之道可循。假如你認為孩子需要改善行為，就必須將「給父母的教養建議」牢記在心，先從自己開始做起。

以下幾個做法，可以幫助你用正面態度改善一些日常教養難題：

- 自我分析。
- 回答四個必問的問題。
- 描述並觀察行為鎖鍊（ABC歷程記錄）。
- 根據學習心理學的觀點來評估孩子與父母的行為，譬如關注的效果。

負面關注令人焦頭爛額、負面行為消耗力氣，而上述做法則有助於釋放更多正面能量。孩子只要覺得被瞭解，會覺得更開心。接下來列舉一些訣竅，幫助你順利改善行為：

父母的應對訣竅

✽孩子出現受歡迎行為，馬上給予正面的強化。

✽清楚向孩子表明，你喜歡他哪些行為（描述行為）。

✽對於孩子不受歡迎的行為，只要提及一次即可（比方說「我不喜歡你做……」、「別再做……」）。過後就別再對不受歡迎的行為多所著墨，也就是別去強化它。說一次「不行」就夠了！叫孩子一次就夠了！

✽盡可能在日常生活中多多給予孩子正面關注，不帶有特殊動機或條件交換。

✽告訴孩子你的感受，語調保持平靜、對事不對人。也要回應孩子可能會有的情緒或目標，在孩子出現固執行為時尤其要多一點耐心。

✽當孩子出現不受歡迎的行為時，先釐清他是故意為了激怒你或向你挑釁，還是他深陷在自己的情緒裡不可自拔（固執上身）。

✽行動往往比說教更有效果（比方說不必責備相互爭吵的孩子們，把他們分開就好；抓住孩子的手，以免他打自己。）

✽假如孩子在不曾有過的新狀況中出現不受歡迎的行為（比方說在兒童遊戲場），請不要處罰他，而是幫助他學習溫和地接觸其他小朋友、一起玩耍。強化這種新行為，慢慢地訓練孩子。以茱莉亞的案例為例，媽媽可以教茱莉亞把小鏟子遞給海格，茱莉亞待在海格身邊用模具做沙子蛋糕，然後對海格說：「我想要拿桶子」……

✽假如你免不了會責罵孩子，最好速戰速決且對事不對人。責罵孩子所做的事情，而不是孩子本身。

✽轉移孩子的注意力，讚美孩子，告訴他你希望他怎麼做。最好用行動來中斷負面的行為鎖鍊。假設孩子一直在亂敲餐盤，就把餐盤拿走，等孩子再次出現受歡迎的行為。或者就像茱莉亞的案例那樣，孩子要打人時，抓住她的手，並且對她說：「不可以，海格會痛。你把小鏟子給她，她一定會給你桶子。」

✽別對孩子的行為耿耿於懷，用不愛孩子來對付他。每天都要找到可以正面強化孩子的地方（機會無所不在）。能做到這些，你也會成為正面榜樣，有一天當孩子對你說「媽咪我好愛妳」時，就表示你已經改善了孩子的行為，並從中得到回報。

如何設定界限？

看到這裡，你心裡或許會想：「這些都說得很有道理，我也很清楚行為會相互影響，為人父母的我也絕對會在某些情況下對孩子的行為產生正面或負面的影響。但教養是個大哉問，不是只有控制行為而已吧？」確實如此。

第一篇探討孩子出生後的第一年，主要是在家人的協助下透過模仿來學習日常的行為和社會常規，也就是指存在於他所生活的社會裡的一般規則。這個階段的孩子，被允許盡情表達情緒，展現他與生俱來的決心，也就是出於本能達到自己的目的。然而，在貫徹意志的同時，他也必須學習在可忍受的範圍內克制自己。換句話說，孩子需要規定與禁令，他才會知道界限在哪裡，並非凡事都能順他的意。想必你也不願家裡日後養出一個小暴君。

為人父母的你若秉持民主型教養態度，基本上就具備了正面心態，能將孩子當做小小的獨立個體，尊重他的情緒和意志。然而這往往也意味著，你必須在體諒、寬容與堅守界限這三者之間找到折衷點，可以說是一份十分耗費心力的工作。相信你已經從本書前兩篇瞭解到，當孩子出現固執行為或有攻擊性時，在他受情緒操控的行為背後隱藏著哪些動機或目的。在思索孩子的真正動機時，請別漏掉了年齡因素，如此一來，你就能在意識到孩子的需求時，多一份寬容。

比方說年幼的孩子其實是因為累了，才有過度激動的反應，也許是餓了，以致於亂發脾氣。又或者孩子想要人家抱他，所以才不肯走路了等等。父母的行為必須前後一致的意思是指堅守界限，也就是為孩子定出清楚的規定，比方說「不可以打妹妹，我們家沒有打人這種事，爸爸和媽媽也不會這麼做」，或牽涉到孩子的安全問題時所發出的指令：「站在馬路旁邊，牽我的手」。

制訂清楚的規則

請為學齡前的孩子定出清楚易懂的規定（比禁令好），最好限制在四到五個之內。孩子若能夠確實遵守這些規定，多給予正面的強化。如果孩子想挑戰界限，藉此試探你的底線，你必須好好跟孩子談一談，向他表明你所設下的界限不但對身為父母的你很重要，而且也攸關到他的健康或安全。

同時也跟孩子解釋其中的因果關係，也就是說，如果孩子不遵守這些規定，會產生何種後果（譬如孩子若直接衝過馬路，可能會被車子撞倒。）不過，一定也會有孩子為了達到目的，不惜一切用大吼大叫的方式或做出攻擊行為，來抗拒父母設下的界限。這時請別責備或處罰孩子，以免強化這種反抗行為，使之根深蒂固。請謹記在心：孩子年紀越小，反應就越衝動。

建議你協助孩子培養挫折忍耐力。現在想要的未必能馬上得到，或許需要再等待一會兒。假如孩子不想穿某件衣服，就讓他從兩件褲子裡挑一件他喜歡的；如果他坐不住了，你可以問他「想跟我們一起坐在桌邊，還是想下去玩了」。幫助孩子做決定，讓他逐漸學會控制自己的行為。

避免太多禁令

如果禁令太多，會讓孩子看不清禁令背後的規則，搞不懂父母的界限有何意義，導致他把你的話當成耳邊風，造成反效果。

有鑒於此，當你對孩子說「不」的時候，務必向他解釋清楚哪些事該做或不該做的原因，而且你的禁令也要前後一致，讓孩子確實明白你是當真的。孩子很容易看出來父母的禁令是真是假，假如父母最後多半都會退讓，孩子就知道自己只要夠堅持，一定能達到目的。父母嚴禁某樣事物（譬如不准吃巧克力），或經常對孩子說不而讓他感到被拒絕，這些都會影響孩子的行為。過多的限制與禁令，反而會使孩子出現更多固執行為或暴怒的反應。

因此，請和你的另一半一起思索，就孩子的年齡而言，哪些禁令重要且必要，哪些禁令對孩子來說還不容易理解，哪些禁令孩子根本難以領會。譬如「不要玩食物，食物不是玩具」這種很常見的禁令，在你眼裡雖然很正確，但是對年幼的孩子來說，世界上最美妙的事情莫過於抓起又濕又滑的麵條、把長長的麵條拉得比桌子還長，或者是把麵條吸進嘴裡簌簌作響。

至於已經三歲的孩子，一定很樂意像父母那樣吃麵條，因為他覺得自己已經長大了。吃東西照理說是快樂的事，但如果孩子每一餐都被責罵，也許會讓他胃口全失，說不定還會造成飲食失序的狀況。太多禁令和限制有礙孩子的發展。孩子有可能突然拒絕進食，又如果老是在上床睡覺這件事受到責罵，他會漸漸對睡覺感到害怕和反感，導致每晚的上床睡覺戲碼越鬧越嚴重。

孩子往往是在學到經驗之後，才能領悟規定的意義。「把手拿開，別摸電熱爐」這麼簡單的禁令，孩子卻不不怎麼配合，這是因為他並不瞭解其背後的含意。只要讓孩子把手放在稍熱的爐子上方一下子，並且對他說「小心，很燙，會讓你受傷」，他感受到爐子的熱度，自然馬上就能體會你的禁令是什麼意思，這種做法更有效。年幼的孩子必須體驗很多事，才能真正「心領神會」大人所定的規則。

教養訣竅 **禁令不必多，但前後一致、堅守界限很重要。**

處罰有不良副作用

現今還有不少父母有不打不成器的想法。「孩子老是把我的話當耳邊風，總有一天會騎到我頭上。」只要孩子不遵守禁令，父母馬上就氣呼呼地責罵或處罰孩子。然而，責罵和處罰是負面關注，只會強化孩子「不聽話」的行為，到頭來沒有任何改善。處罰孩子的當下，確實可以發揮一些效果，也讓孩子知道你是認真的，但孩子多半沒有從處罰當中學到自己做錯了哪些事，該怎麼做才是正確行為。太過嚴厲的處罰也會引發副作用。孩子可能會懼怕處罰者，所以在這個人面前，他會遵守規定（比方說不捏小寶寶），但只要處罰者離開房間，孩子八成會故態復萌。其實孩子也許只是不知道除了捏小嬰兒之外，他還可以做些什麼，或說不定他是因為家裡多了寶寶而吃醋。孩子需要的是父母的體諒和協助，如果祭出打屁股或甚至把孩子關在房間裡這種處罰，只會讓場面更僵，孩子會以為「爸爸和媽媽比較愛寶寶」。

父母可以提供建設性的支援，譬如多花一點時間陪老大，教他如何跟寶寶相處，或是允許他幫忙餵寶寶吃東西、幫寶寶洗澡等等。如此一來，孩子就能用正面心態來看待自己的老大身份，對寶寶的嫉妒也會慢慢消退。說到底，他不過是想藉由捏寶寶這個動作引起大人的注意而已。

處罰的另一個副作用是觸發孩子的攻擊性。處罰孩子的終極意義就是：「身為大人的我有權力壓制孩子。」孩子多半會透過具有破壞性的攻擊行為，將父母加諸在他身上的壓力，轉嫁給更弱小的人或動物，或是找對象發洩他的怒氣。你一定不希望孩子有這種行為，所以務必在教養過程中，盡量避免過於嚴厲的處罰。

處罰終究是父母展現權力的工具，通常也是父母在焦慮無助或生氣及挫折之下產生的手段。當大人處罰孩子的時候，正是做了不良示範，而孩子則學到原來「權力可以解決衝突」——只要權力大就能贏。

教養訣竅　教養孩子處罰越少越好，因為處罰有不良副作用。

假如免不了要處罰孩子，最好速戰速決且對事不對人，處罰的時間不宜拖得太長。要孩子整個下午禁足在家，或整個星期都不能看電視，以處罰他的無禮行為，基本上不但無助於孩子培養正面行為，也會讓孩子再次感到失望與挫折，最後變成惡性循環，請父母盡可能避免。

用說服取代禁令

隨著孩子年紀漸長，就必須對他的判斷力多一份信賴。孩子漸漸瞭解事情的因果關係（譬如「如果我冬天打赤腳走到路上，腳會很冰，身體也會很冷」），如果他曾經有過經驗，就會更懂得自行判斷。對於大一點的孩子（三到四歲），親子間可以達成共識，譬如「我們先去看牙醫，之後你就可以和朋友去遊戲場玩」。

但你和孩子之間免不了會有一些衝突性的對話，比方說孩子一再出現同樣的問題，讓你很惱怒的時候：「你今天捏了寶寶三次，我很生氣，也很難過，為什麼你要這麼做？我已經講過很多次不可以這樣。難不成你以為爸爸媽媽比較愛寶寶？」孩子可能有兩種反應；因為你說的話讓他覺得被理解，使他吃醋的心情得到釋懷，要不就是向你坦白：「媽媽，我只是覺得好玩，我捏寶寶，寶寶就會叫，我覺得很有趣。」

媽媽聽了之後可以和孩子腦力激盪，看看是否有其他方法，可以跟寶寶一起玩。不妨也問問孩子，他有沒有好點子。

四歲的孩子已經可以解釋清楚他們為什麼會有特定的挑釁行為，甚至多半也備妥如何改善的提議，令大人跌破眼鏡。你和孩子認真交談的同時，孩子也會從中逐漸學到人可以透過思考和對話解決衝突，而且也感受到大人把他當一回事，他往後會因此變得更加合作。

教養訣竅　**孩子希望被認真看待。**

父母的應對建議

✽平時盡可能多花一點時間聆聽孩子的心聲，也試著從中找出孩子的弦外之音。這種方法用在孩子情緒激動的時候特別有效。

✽讓你的視線與孩子平行，跟孩子交談時注視他的雙眼。大人在怒罵時，很容易在幼小的孩子心中產生威迫感，使孩子第一時間就只想保護自己而心生抗拒。

✽清楚傳達訊息，不能模擬兩可。如果你對孩子說「給爸爸抱一下」，卻把頭埋在手機裡，這是雙重訊息。爸爸嘴裡說「來我這裡」，但他其實想安靜地滑手機。建議父母為孩子撥出一點時間，並且心無旁騖地陪伴孩子。等過了一會兒之後，再告訴孩子「現在我想安靜地看手機，請先不要吵我」，孩子就會樂於滿足你的請求，因為他剛剛已經得到你完全的關注。

✽假如你對某項規定或禁令十分認真，就該用嚴肅的聲音和表情來傳達。父母往往笑著對幼兒表達他們的要求而不自知，結果發現這些指令對孩子完全不管用時才大感不解。跟孩子溝通時，務必心口合一，那麼當你生氣的時候，孩子也會從你的聲音和肢體動作看出來。

✽你可以直接用「第一人稱」向孩子表達你的怒氣，譬如「我很生氣，你把椅子弄倒了」。如果父母用平常的聲調講話，但孩子從父母的表情和肢體動作察覺到他們的情緒並不像聲調那樣平常，孩子會感到不安。又假如父親因為沒辦法好好看電視而覺得煩躁，一臉怒氣的他對孩子說「你今天怎麼這麼討厭」，孩子不但會覺得被否定，父親怒氣沖沖的表情也會讓他感到害怕。父親若換個方式說：「現在先不要打擾我，我想好好地看電視，等我看完再陪你玩。你一直打擾我，讓我很生氣」，對孩子來說就是既清楚又容易理解的訊息。

假如你快受不了孩子的固執行為與暴怒反應，尤其還有其他棘手的生活難題需要解決時，譬如你可能要和另一半離婚、孩子生病或其他困難，請果敢地尋求專業的協助。

家庭自我檢視

我們在教養孩子時，總是求好心切。女性尤其給自己很大的壓力：「我必須無所不知、必須做出最恰當的反應、必須當個好媽媽。」然而家庭生活是由幾個人共同參與，每一位又各自有不同的情緒和個性，所以一家人不斷地衝撞彼此的界限是一件再正常不過的事情。由衷建議各位父母，可以每個月「檢討」一次家庭生活，請你和另一半及大一點的孩子（四歲以上），共同回答以下幾個問題：

✽目前的家庭生活是否讓我感到既開心又有安全感？

✽我的教養者角色做得如何？

✽此時此刻我個人有何感覺，很輕鬆還是被壓得喘不過氣？

✽我的另一半怎麼樣？我們是否瞭解彼此，在教養問題上是否觀念一致？還是我們經常爭吵，原因何在？

✽我的孩子過得如何？他們的表現令人滿意嗎？或是常出現令人反感的行為？

✽假如目前出現問題，觸發點（也就是肇因）是什麼？我們可以找出其中有哪些關聯嗎？

✽我們一家人有什麼需要改善？

✽每個人又可以對此做出什麼貢獻？

尋求外界的協助

不妨上個放鬆身心的課程、請保姆或好友協助你，或者是參加一些幼兒團體，這些都能讓你獲得喘氣的機會。假如你需要建議，請別猶豫，盡快尋求家庭教育中心或家庭諮商的協助。至於何種協助方式適合你，則視個人家庭狀況和你目前的身心狀態而定。

結語

教養這條路有時崎嶇難行，無論是孩子或你，每天都必須重新學習。也許你只要得到一點激勵，就能盡量做到隨時隨地以民主作風引導家人。不過你還是免不了會碰到教養衝突、內心充斥著歷衝突所造成的挫敗感。儘管如此，你會慢慢從孩子和另一半身上找到許多正面的特質，使你得以洞察衝突發生的原因。現在，你已經對各種改善之道有了概念，這些方法將助你一臂之力，減少衝突的發生。世上沒有完美無瑕的父母，也沒有十全十美的孩子，只要每天盡力而為就值得了。盡可能讓自己專注於當下，別對未來過於憂心。

本書說不定也可以為你的日常教養增添一點趣味，使你充分瞭解孩子的發展期，而得以泰然自若地陪伴孩子。假如能平靜以對，你的家庭生活也會隨之受惠，即使小蘿蔔頭偶爾耍叛逆、很難搞，但最遲在他們六歲左右，就會蛻變成獨立自主、充滿自信且情緒穩定的孩子。

衷心希望這本書能在日常教養中對你有所助益，也非常期待收到各位父母的回饋意見。

朵莉絲・赫克莫斯

德國心理師媽媽這樣搞定固執小孩［暢銷修訂版］：設限管教失控情緒X難纏行為

作　　者／朵莉絲．赫克莫斯
譯　　者／溫力秦
選　　書／林小鈴
主　　編／陳雯琪

行銷經理／王維君
業務經理／羅越華
總 編 輯／林小鈴
發 行 人／何飛鵬
出　　版／新手父母出版
城邦文化事業股份有限公司
台北市民生東路二段141號8樓
電話：（02）2500-7008　傳真：（02）2502-7676
E-mail：bwp.service@cite.com.tw
發　　行／英屬蓋曼群島商家庭傳媒股份有限公司城邦分公司
台北市中山區民生東路二段141號11樓
書虫客服服務專線：02-25007718；25007719
24小時傳真專線：02-25001990；25001991
讀者服務信箱 E-mail：service@readingclub.com.tw
劃撥帳號／19863813；戶名：書虫股份有限公司

香港發行／城邦（香港）出版集團有限公司
香港灣仔駱克道193號東超商業中心1樓
電話：(852)2508-6231　傳真：(852)2578-9337
電郵：hkcite@biznetvigator.com
馬新發行／城邦（馬新）出版集團 Cite(M) Sdn. Bhd. (458372 U)
11, Jalan 30D/146, Desa Tasik,
Sungai Besi, 57000 Kuala Lumpur, Malaysia.
電話：(603) 90563833　傳真：(603) 90562833

封面、版面設計／徐思文
內頁排版／陳喬尹
製版印刷／卡樂彩色製版印刷有限公司
初版一刷／2017年07月20日
二版一刷／2022年11月17日
定　　價／400元

城邦讀書花園
www.cite.com.tw

ISBN　978-626-7008-30-0

國家圖書館出版品預行編目(CIP)資料

德國心理師媽媽這樣搞定固執小孩：設限管教失控情緒X難纏行為/朵莉絲. 赫克莫斯著；溫力秦譯. -- 2版. -- 臺北市：新手父母出版, 城邦文化事業股份有限公司出版：英屬蓋曼群島商家庭傳媒股份有限公司城邦分公司發行, 2022.11

面；　公分. -- (好家教；SH0138X)

譯自：Das trotzkopfalter

ISBN 978-626-7008-30-0(平裝)

1.CST: 親職教育 2.CST: 兒童心理學

528.2　　　　111018059